大夏书系·与大师同行

与大师面对面
——穿越时空的教育对话

雷 玲 主编

华东师范大学出版社

图书在版编目（CIP）数据

与大师面对面：穿越时空的教育对话/雷玲主编 . —上海：华东师范大学出版社，2015.4
ISBN 978 - 7 - 5675 - 3435 - 3

Ⅰ.①与… Ⅱ.①雷… Ⅲ.①教育思想—世界 Ⅳ.①G40 - 09

中国版本图书馆 CIP 数据核字（2015）第 086638 号

大夏书系·与大师同行

与大师面对面
——穿越时空的教育对话

主　　编	雷　玲
策划编辑	李永梅
审读编辑	周　莉
封面设计	淡晓库
出版发行	华东师范大学出版社
社　　址	上海市中山北路 3663 号　邮编 200062
网　　址	www.ecnupress.com.cn
电　　话	021 - 60821666　行政传真 021 - 62572105
客服电话	021 - 62865537
邮购电话	021 - 62869887　地址　上海市中山北路 3663 号华东师范大学校内先锋路口
网　　店	http://hdsdcbs.tmall.com
印刷者	北京季蜂印刷有限公司
开　　本	700×1000　16 开
插　　页	1
印　　张	14.5
字　　数	200 千字
版　　次	2015 年 9 月第一版
印　　次	2022 年 7 月第三次
印　　数	8 101 - 10 100
书　　号	ISBN 978 - 7 - 5675 - 3435 - 3/G·8213
定　　价	32.00 元
出版人	王　焰

（如发现本版图书有印订质量问题，请寄回本社市场部调换或电话 021 - 62865537 联系）

目　　录

教育的理想与信念篇

1. 对话杜威：教育者的责任就是做"领袖" / 3

2. 对话叶圣陶：教育就是要养成良好的习惯 / 8

3. 对话保罗·弗莱雷：用教育之船把人载向自由彼岸 / 15

4. 对话马相伯：教育之责在于唤醒 / 21

5. 对话克里希那穆提：教育就是解放心灵 / 25

6. 对话孟子：教育就是尽性尽善 / 30

7. 对话卢梭：让孩子回归自然 / 37

8. 对话亚里士多德：和谐教育是教育发展的理想目标 / 41

教书与育人篇

1. 对话孔子：有教无类就是每个人都享有公平教育的权利 / 49

2. 对话蒙田：教育在于塑造和谐、健全的人 / 54

3. 对话赫尔巴特：适当的惩罚是必要的 / 58

4. 对话陶行知、苏霍姆林斯基：教师应保持高涨饱满的工作热情 / 63

5. 对话苏霍姆林斯基：美蕴藏着强大的教育力量 / 72

6. 对话苏霍姆林斯基：教师应把教育转化为学生的自我教育 / 76

7. 对话怀特海：教育应该充满生活与活力 / 83

教与学篇

1. 对话弗莱雷：对话是师生之间民主关系的标志 / 91

2. 对话陶行知：教学就是教学生生活和生存 / 98

3. 对话阿兰：推动儿童成长的决不是对游戏的爱好 / 103

4. 对话第斯多惠：教学的艺术在于激励、唤醒和鼓舞 / 106

5. 对话梁启超：教作文要"重规矩，轻技巧" / 110

6. 对话杜威：习惯是生长的表现，是教育的结果 / 118

7. 对话苏霍姆林斯基：让儿童过丰富的精神生活 / 123

8. 对话陶行知：教育者永远是学习者 / 128

9. 对话夸美纽斯：教育要遵循自然的方法 / 135

创新与实践篇

1. 对话佐藤学：教育需要"深耕细作式"的专注与细致 / 141

2. 对话苏霍姆林斯基：儿童的智慧在他的手指尖上 / 148

3. 对话康德：儿童教育要给孩子自由 / 155

4. 对话夸美纽斯：教与学有机结合才能实现教学过程最优化 / 159

5. 对话皮亚杰：教育要尊重科学与儿童心理学 / 166

6. 对话陶行知：综合实践活动是为了让学生学会生活 / 170

7. 对话苏霍姆林斯基：校本教研应建立在集体教育的生动事实基础上 / 176

学校教育与家庭教育篇

1. 对话卡尔·威特：早期教育成就天才 / 185

2. 对话苏霍姆林斯基：要把孩子看作未来的成年公民 / 189

3. 对话朗格朗：教育的意义要使每个人按本性发展 / 196

4. 对话皮耶罗·费鲁奇：孩子是个哲学家 / 200

5. 对话赫伯特·斯宾塞：世界上最好的教育本质都是快乐的 / 205

6. 对话卢梭：教育充分发展孩子的天性 / 209

7. 对话洛克：没有什么比榜样更能打进儿童的心灵 / 213

8. 对话马克思：教育即人的全面发展 / 217

9. 对话卡尔·威特：用温暖的心去赏识孩子 / 221

教育的理想与信念篇

虽然今天的教育不断呈现出一些新的变化，但也有不少现象让人担忧：一些学校领导、一些教师，似乎变得心浮气躁了很多，一味求新求变，今天学习杜郎口，回来就先拆掉讲台；明天学习洋思中学，立马规定讲课不准超过10分钟……我们的教育，似乎缺少了踏踏实实，缺少了理性思考，缺少了对优良传统的传承与创新，缺少了对教育理想与信念的坚守。

那么，怎样才能坚守教育的理想与信念，怎样才能在传承与创新中与时俱进，坚守优良的传统？这需要我们有一双明亮的眼睛，保持冷静思考的习惯。面对新课程改革背景下出现的种种新概念、新理论、新观点和课堂中的种种新尝试、新探索、新方法，我们必须认真地分析、判断，只有分析得清楚，分析得彻底，分析得到位，才能将传统的优势更好地传承，使新的有效的方式方法产生。

几千年来的教育发展历程，有着无数的精华与思想瑰宝。无论是美国教育家杜威的教育理论，还是我国教育家陶行知的教育观；无论是苏联教育家苏霍姆林斯基的教育观，还是我国教育家孔子的教育思想，先哲们的智慧至今在教育领域得以传承和扩大。有教无类，因材施教，循循善诱，诲人不倦；从儿童的天性出发，促进儿童的个性发展……大师们的思想观点，不仅道出了教育的真谛，更体现了对人性的尊重。

让我们一起穿越时空，走近杜威、马相伯等中外教育大师，与他们共同探讨教育的理想与信念。

1. 对话杜威：教育者的责任就是做"领袖"

《杜威教育文集》（第4卷）吕达 刘立德 邹海燕 主编，人民教育出版社2008年出版。

约翰·杜威（John Dewey，1859—1952），美国著名哲学家、教育家，实用主义哲学的创始人之一，功能心理学的先驱，美国进步主义教育运动的代表，哥伦比亚大学教授。《杜威教育文集》收录了杜威的主要教育论著以及与教育有密切关系的其他论著，共计五卷。其中，第4卷选编了杜威1919年4月至1921年8月在华的主要教育讲演，包括著名的《杜威三大讲演》，即在南京的系统讲演，以及在其他各地的讲演。杜威是当时传统教育的改造者，是新教育的拓荒者，他提倡从儿童的天性出发，促进儿童的个性发展；他从实用主义经验论和机能心理学出发，批判了传统的学校教育，并就教育本质提出了他的基本观点——"教育即生活"和"学校即社会"。

▲我的实用主义哲学和教育思想亦以科学与民主精神为核心

缪建平：杜威先生，您从1919年4月30日起，受您的学生陶行知、胡适、蒋梦麟和江苏教育会之邀，偕夫人从日本来华，又于1921年8月2日离开中国。您在中国整整待了2年4个月零3天，足迹遍布奉天（辽宁）、直隶（河北）、山西、山东、江苏、浙江、湖南、湖北、江西、福建、广东11个省和北京、上海、天津3大城市，各类演讲达200多场次，广泛传播着实用主义哲学、政治学、教育学、伦理学，给中国近代教育带来了深远的影响。可否请您谈谈，在那两年多的时间里，您对中国的感受如何？

杜　威：这其实可以用我1920年1月13日，给哥伦比亚大学哲学系主任科斯的信函中的一句话来回答："这是我一生中所做过的最有趣的和在智力上最有用的事情。"

缪建平：杜威先生，您真谦虚！其实在您来中国之前，中国许多有识之士，就十分推崇您的实用主义思想和教育思想，并自觉进行了介绍与传播，您的这些思想业已对中国产生过很大的影响，成为当时中国教育家的改革工具。我国教育家蔡元培就十分推崇您的教育思想，他还把您称为"西方的孔子"。

杜　威：谢谢！也许是我的实用主义哲学和教育思想亦以科学与民主精神为核心，正与"五四"时期所提倡的科学与民主的潮流相一致，因而受到了当时中国先进知识分子的普遍欢迎，所以我在中国各地讲演时，才产生令我惊讶的"轰动性"的反响吧。

▲领袖，是在前面领导，一步一步地达到目的

缪建平：杜威先生，在您来华的众多讲演中，我对《教育者的责任》这一讲演最感兴趣，说"教育者的天职，概括地定个名词，就是领袖""教育者的责任，就是做领袖"。您在上海、南通与苏州讲演，讲的都是这

个话题。请您说说,您所理解的"领袖"是什么意思?

杜　威:这个"领袖",就譬如游历中的一个向导,他是在前面领导,决定目的地和规划到达目的地的路径,使游历的人有明白的方向。领袖的责任,可以分作两方面说。一是知识。拟出要达到的目的,一一地指示出来,使被指导的人清楚、明白。二是感情。就是用种种方法,激发被指导者的兴趣,使他们对目的产生欲望,因而产生热忱、爱情,继续踊跃地向前走,达到他们所要达到的目的。

这时还需要说明的是,领袖和鞭策是不一样的。领袖,是在前面领导,一步一步地达到目的;鞭策,是在后面发出命令,前面的人并不晓得目的和路程,完全属于盲从。还有,领袖与被领导的人,有共同的利害关系,他们感情融洽,没有隔阂;而鞭策的人与被领导的人,则没有共同的利害关系,他们的感情是两相分离的。在后面鞭策的人,譬如一个专制的君主,登高临下,一味以权势压迫人,叫人服从,亦不过是表面的服从罢了;而领袖是指引目的和路径,鼓励发现兴趣、爱情、热忱,因而是自动达到目的。

▲教师做"领袖",就是要做学生的"先觉先导"

缪建平:您通过一些比方,说明了"领袖"的内涵,同时与"鞭策"进行了比较,真是让我们受益匪浅。做学生的领袖,对教育者提出了更高的要求,请您说说,怎样才能做一个"好的领袖"呢?

杜　威:教师做"领袖",就是要做学生的"先觉先导",一方面要指导学生有适当的目的,一方面要给学生一个路径。教师是做学生行路的先导,处处要在学生前面指导,不是在学生后面观察。教师既然有这样重的责任,做教育领袖,那么必定要具有品格,富于智识,使学生服从信仰,不得不跟着他走。做教育领袖和向导的人,应当有以下几种能力:①智识技能要丰富(对于智识方面);②对学生要有无限的同情(对于学生方面);③对于达到目的要有兴味(对于社交方面)。由以上几点看来,教育的领袖可有以下几种:①智识技能的领袖;②人格的领袖;③社交的领袖。"智识技能的领袖",不仅是教授学生智识,给他们灌输学问,还要激发起学生的求学兴味;教师也要时常去求学,学生才可以完全得益,因为教师和学生的一切兴味和欲望信仰是很容易传染的,学生能在不知不觉中一起同化。

"人格的领袖"就是要求教师培养学生健全的人格,使他们将来能很好地应对生活。老师要研究学生的心理和个性,使学生得到精神上的益处;如果教师不注重学生的人格培养,只知道把学问教给学生就算完结,那是不可能有效的。"社交的领袖"是建设者、改造者,这里要强调的是"改造"一词,它应是从社会角度而言的智力改造和思想改造,这是一种"内部的改造",亦是一种"根本的改造",如果没有这种改造,一切都是枉然。

📖 大师教育智慧:

杜威论教育

1. 教育是生活的过程,而不是将来生活的预备。

2. 教育既然是一种社会过程,学校便是社会生活的一种形式。

3. 教育过程是一个不断改组、不断改造和不断转化的过程。

4. 经常而细致地观察儿童的兴趣,对于教育者是最重要的。

5. 儿童是中心,教育的措施便围绕他们而组织起来。

6. 只有当学校本身是一个小规模的合作化社会的时候,教育才能使儿童为将来的社会生活作准备。

7. 教师在学校中并不是要给儿童强加某些概念,或形成某些习惯,而是作为集体的一个成员来选择对于儿童起作用的影响,并帮助儿童对这些影响做出适当的反应。

8. 学校科目联系的真正中心不是科学,不是文学,不是历史,不是地理,而是儿童本身的社会活动。

9. 一切教育都是通过个人参与人类的社会意识进行的。这个过程几乎是在出生时就在无意中开始了。

10. 教育有大小两种。小的一种是学校所提供的；大的一种，即具有最后的影响力的教育，是各种实际生活条件所提供的，特别是家庭和周围环境的条件。

11. 我们所要求的是使儿童带着整个的身体和整个的心智来到学校，又带着更圆满发展的心情和甚至更健康的身体离开学校。

12. 学习是主动的，它包含着心理的积极开展。它包括从心理内部开始的有机体的同化作用。毫不夸张地说，我们必须站在儿童的立场上，并且以儿童为自己的出发点。

（摘选自《杜威教育文集》第4卷）

江苏省苏州工业园区车坊实验小学　缪建平

2. 对话叶圣陶：教育就是要养成良好的习惯

《生活教育——叶圣陶随笔》叶圣陶 著，北京大学出版社2007年出版。

叶圣陶（1894—1988），原名叶绍钧，字圣陶，汉族人，江苏苏州人，著名作家、教育家、编辑家、文学出版家和社会活动家。新中国成立后，叶圣陶曾担任出版总署副署长、人民教育出版社社长、教育部副部长。他也是第六届全国政协副主席、第五届全国人大常委委员、第五届全国政协常委委员、民进中央主席。

阅读了《生活教育——叶圣陶随笔》中许多关于教育的文章，虽然撰写于二十世纪二三十年代，但叶圣陶先生在文章中所指出的教育弊端，今天依然存在。他的教育思想是指导当前教育改革的一剂良药，与叶老进行一次跨越时空的对话，目的在于引发对教育本源的思考。

▲小学教育的价值，就在于打定小学生一辈子有真实明确的人生观的根基

汪阳合：叶老，您好！当前中国似乎得了"教育焦虑症"。家长为选学校而焦虑，为给孩子报培训班而焦虑，为孩子在班级中的排名而焦虑；教师也为自己所教学科的平均分而焦虑，为自己的课堂教学而焦虑；学生更是为自己如山的作业而焦虑，为每一次考试而焦虑，为一个接一个的学习班而焦虑。您认为造成这种现象的根源在哪里？

叶圣陶：小学教育的价值是什么呢？这个问题不搞清楚，我们的教育永远处在焦虑状态。我常常自问：小学教育是为着小学生的，小学教师是栽培小学生的，我们究竟希望小学生达到怎样的地步呢？我便想，若是单叫他们模仿古人的行径，记忆古人的思想，那么有记载前言往行的"陈编"在那里，识些字懂些讲解便完事了，要什么小学教育？若是单叫他们学得一技一艺，得以养家糊口，那么各项商业工业有招收学徒的办法，否则也只消办些艺徒学校、商业学校就可以了，要什么小学教育？

汪阳合：是啊，许多人把目前的教育焦虑归罪于当前的应试教育制度，听了您的高见，我们是应该反思了，教育工作者连小学教育的价值是什么也没有明确，那么，教育所造成的不仅是焦虑，还有可能是教育悲剧。

叶圣陶：所以我认为，我们要广泛地讨论这个问题，从教育专家到普通教师，从教育工作者到家长都要讨论小学教育的价值问题。一个人，其所作所为如果能参与到整个人类的进化历程中，便算是个有价值的人。人的价值观必须在幼年的时候就确立起来，幼年就是小学教育时期。替小学生定个方向，使他们对准方向，充分发挥他们的可能性，不就是小学教育的力量吗？所以我们可以说：小学教育的价值，就在于打定小学生一辈子有真实明确的人生观的根基。

▲教育是什么？往简单方面说，只须一句话，就是要养成良好的习惯

汪阳合：如果要实现小学教育的价值，教师是关键，教师的修养是关

键，教师都没有真实明确的人生观，怎么能引导学生树立真实明确的人生观呢？在教师修养方面您有什么好的建议？

叶圣陶：对，小学教师欠缺修养功夫，教育事业的根本就得了病。教育固然有一点缓不济急之嫌，然而总是我们程途中的一盏灯，能够照着我们的四周使之光亮起来，又能照见我们的目的地，使我们加增前进的勇气。至于使教师真能讲究修养的有效方法，我也说不出来。我只是觉得最低要求是：一言一行，都没有消极的倾向；一饮一啄，都要有正当的意义。教育是什么？往简单方面说，只须一句话，就是要养成良好的习惯。

汪阳合：《说文解字》这样解释"教与育"：教，上所施下所教也；育，养子使做善也。教师的言行对学生是至关重要的，我想，您所说的应该是教师的职业道德底线。但就是这样的底线，有些教师也做不到，我想，他们或许迷失了人生方向，缺乏对人生意义的思考。您认为人生的意义是什么？

叶圣陶：所谓"人生"，包括人类的物质生活和精神生活。各人对人生的见解，就是所谓的"人生观"。认为人生是快乐的，就是快乐的人生观；认为人生应该献身于国家与社会的，就是责任的人生观。各人的环境不同，着眼点各异，因而各人的人生观亦不一致。学校教育的目的在于使学生养成正确的人生观，因而不能不注意教育与人生的关系。

汪阳合：随着时代的不同，各人对人生意义的理解也是不同的。日本企业家稻和盛夫在《活法》中这样阐述："人生在世，为欲所迷，为欲所困，可以说是我们人这种动物的本性。如果放任这种本性，我们就会无止境地追求财富、地位和名誉，就会沉湎于享乐。因此，我认为人生的意义在于磨练灵魂。"我觉得他说的有道理，在当前物欲横流的社会中，教师更应该有明确的人生观。因为教师对人生的理解关系到几代人的人生观。刚才您提到教育与人生的关系，您能具体说说吗？

叶圣陶：好。教育与人生的关系，大致有三个方面：一是以教育认识自己。天下最可怜的事情莫过于自己不认识自己。教育的责任就在于不仅要增加学生的知识学力，同时要引导学生走入正轨，使其了解世界的大势,本国的国情,以及学生所负的使命和个人所处的地位。二是以教育革新自己。既然认识了自我与环境,就应当从事于革新自己。每一个人身上都会有缺点,这是人在发展中的障碍物,怎样铲除虚荣心、怠惰心,如何革新错误观念,是要以教育力量为原动力的。三是以教育成就自己。由认识自己而革新自己,由革新自己而成就自己,是一种自然的步骤。人的发展轨迹是不同的,我以为应当按照自己的所长和所好去成就自己。比如,性情爱好理科的,就可以在理科方面努力。要使人都能够这样成就自己,非借助于教育不可。可见教育对于人生所负的责任真是不小。

▲好教师就是心中有"人"

汪阳合: 叶老,当前教育出现这样或者那样的问题,不能简单地责怪老师,因为他们也很迷惑,我认为跟教育评价是有关系的,比如什么是好课?什么样的老师是好老师?如果您是教学一线的老师,您将怎样理解这样的问题?

叶圣陶: 好,你这个问题问得好,牵出了好教师的标准问题。说实话,什么是好教师真没有标准,不过起码有一些底线原则,如果我是小学老师,首先,我决不将投到学校里来的儿童认作讨厌的小家伙、惹人心烦的小魔王;无论聪明的、不聪明的,干净的、肮脏的,我都称他们为"小朋友"。这不是假意殷勤,而是出于忠诚,真心认他们做朋友。其次,我将特别注意,养成小朋友的好习惯。我想"教育"这个词儿,往精深方面说,一些专家可以写成巨大的著作,可是就粗浅方面说,"养成好习惯"这一句话也就说明了它的含义。养成小朋友的好习惯,我将从最细微最切近的事物入手,比如,门窗的开关,我要教他们轻轻的,"砰"的一声固然要不得,足以扰动人家心思的"咿呀"声也不宜发出。第三,一定要尊重学生。有的老师对待顽皮的小朋友,动不动就举手打几下,身体上的红肿可能很快会消失,但自尊心所受的损伤,却永远不会磨灭的。我有什么权利损害他们的自尊心呢?

汪阳合: 前几年,我们学校在招聘老师时,我问一位刚从师范大学毕业的应聘者：现在社会上有名师、特级教师，请问你想当什么样的老师？她爽快地回答：我想当一位学生喜欢的老师。我很欣赏，并录取了这位老师，后来她在教育过程中实现了她的诺言。这也是我在管理中非常看重的一点，我认为，评判一个老师好与不好，学生是有发言权的。

叶圣陶：我觉得你说得很好。我们切不可认为自己就是简单的教书匠。如果我是老师，我决不将我的行业叫做"教书"，犹如我决不将学生入学校的事情叫做"读书"一样。若有人问我干什么，我的回答将是"帮助学生得到做人做事的经验"。我认为自己是与学生同样的人，我所过的是与学生同样的生活；凡是希望学生去实践的，我自己一定实践；凡劝诫学生不要做的，我自己一定不做。我无论担任哪一门功课，决不专做讲解工作，从跑进教室始，直到下课铃响，只是念一句讲一句。我不怕多费学生的心力，我要他们试读、试讲、试做探讨、试做实验，做许多的工作，比仅仅听讲多得多，我要教他们处于主动的地位。

汪阳合：向您致敬，现在的教育需要您这样的老师啊！新课程改革过程中出现了一些浮躁，许多老师并没有静下心来思考教育，而是简单地模仿一些名师、大家的课堂教学。其结果是课堂教学虚高，教育效果不接地气，教育学生学会做人成了一句口号。

叶圣陶：这是典型的"教书"，这种背景下培养出来的学生只会"读书"。停留在读书层面上的学生只求记忆，没有研究的方法，没有试验的机会，是丝毫没有用处的。虚高的课堂，学生不可能有浓厚的学习兴趣和主动的学习精神。他们在课堂中会想：我睁开眼来，看见自然界的现象是最好玩不过的，什么课什么课上个不完，不知为什么。难道不读书就不能做人？我想儿童有这样的想法也难怪，儿童的天性本是注重事实的，喜欢自己去做的，凡是合乎他们天性的，他们就愿意知道它，学会它，与他们天性不相俘合的，他们就不想知道，不高兴学。

汪阳合：研究学情是教学过程中的重要环节，然而我们往往会忽略，如何顺着儿童的思维展开教学，如何顺应学生的天性进行有效教育，如何站在儿童的立场打造适合学生发展的教育，都是值得我们认真去思考的问题。

叶圣陶：小学教师不明白教育的真价值，又容易流于偏重形式的弊端。他们不知道学生情性怎样，便把学生当作一件机械，所以行动、作息都要求一律，整日叫学生坐在教室里或站在操场上，各占二三尺见方的位置，此外便没有其他活动，这便是这班教师的绝妙的管理法！教授学科，他们预先编定教案，自己怎样问，学生应当怎样答，逐句话逐个动作，一一配定了各占若干时间，到了上课的时间，只把自己问的和学生答的照所列的表表演完毕，没有不合预先设计的，连时间也没有差错。

汪阳合：这样的课在目前教育界十分流行，特别是所谓的优质课比赛，名师展示课中更为严重。我们也知道，学校不是追逐名利之场所，教育不是获取名利之工具。但在这样一个转型的时代，浮躁的时期，如何让教师在教育这片净土上静下心来实施有效教育，请您为我们指明。

叶圣陶：这是一个复杂而系统的问题，牵扯到多方面的原因。首先，师范学校很重要。我只希望师范学校多多流出清水来，把旧时的浊水冲去，于是我们就有一池清水了。否则，师范生在师范学校里，就把伦理、心理等等学科看作是无味的东西，一上这些课便不情愿，不过为了分数勉强敷衍一下；等毕了业，做了教师，这等无味的东西快快撵出脑海还来不及，谁还肯费心思去研究。其次，我们教育部曾经说过，不要片面追求高考升学率，可是收效不大，各省、市、自治区那里有没有片面追求高考升学率的问题呢？第三，小学的管理人员和教师要注意，如果从小学起就一天到晚给学生灌输唯有考大学是一条出路，临到考大学的时候再给他们讲"一颗红心多种准备"，一曝十寒，能起什么作用呢？第四，家长也很关键，要摒弃进大学是孩子唯一出路的思想，否则逼得太急会出现悲剧的。第五，媒体宣传要注意。请媒体不要在报刊上鼓吹哪个学校的升学率高，宣传成绩优秀的学生。

汪阳合：您说这些，都是希望社会给教育一片宁静的天空，让学生在蓝天翱翔，让教师成为引领学生健康、幸福成长的好老师。我们不能再让教育剥夺学生的幸福童年了，我们希望出现更多的好老师：他们能走进学生心里，他们能站在儿童的立场尊重孩子，他们能关注学生良好习惯的培养，他们能引领学生学会做人。

叶圣陶：教育是附丽于人而后显示它的作用的，离开了人，就没有教育，从这个意义上讲，用一句话来概括：好教师就是心中有"人"。

📖 大师教育智慧：

叶圣陶论教育

1. 小学教育的价值，就在于打定小学生一辈子有真实明确的人生观的根基。

2. 学校教育应当使受教育者一辈子受用。

3. 学校教育的目的就在于使学生养成正确的人生观。

4. 教师工作的最终目的，无非是培养学生具有各种良好的习惯。

5. 教是为了达到不需要教。

6. 做学生的学生，才能做学生的先生。

7. 教育工作者的全部工作就是为人师表。

8. 教师并非教书，而是教育学生。

9. 教师之为教，不在全盘授予，而在相机诱导，必令学生运其才智，勤其练习，领悟之源广开，纯熟之功弥深，巧为善教者也。

10. 教育工作不限于课堂教学，课堂教学课外活动一起抓，才能使学生受到更多的实益，打下德、智、体全面发展的基础。

11. 养成习惯，换个说法，就是教育。

（摘选自《生活教育——叶圣陶随笔》）

浙江省宁波万里国际学校小学　汪阳合

3. 对话保罗·弗莱雷：用教育之船把人载向自由彼岸

《被压迫者教育学》〔巴西〕保罗·弗莱雷 著，顾建新 赵友华 何曙荣 译，华东师范大学出版社2001版。

保罗·弗莱雷（Paulo Freire，1921—1997）是20世纪闻名世界的巴西教育学家、哲学家，也是批判教育学流派的代表人物之一，被誉为"20世纪最杰出的教育思想家"，"或许是近半个世纪之内世界上最著名的教育家"。他的代表作《被压迫者教育学》自1970年出版以来，已经再版了20余次，仅英文版本就发行了75万多册，被译成多种文字，也是目前被引用最多的教育文献之一。1986年，弗莱雷获得联合国教科文组织颁发的"教育和平奖"。

《被压迫者教育学：意识的解放》《希望教育学：教学的解放》《自由教育学：人性的解放》是弗莱雷的教育三部曲。与弗莱雷对话，将会给当今教育带来什么启迪？

▲驯化教育目的是为了控制

吴　奇：进入新课改后，被人诟病的满堂灌，名"亡"了，可在一些课堂上还实"存"，不过具有了隐蔽性。究其原因，是人们对这种"灌输式教育"的实质和危害没能从思想上认清。您能给厘清一下吗？

弗莱雷：你们说的"灌输式教育"，我称之为"银行储蓄式教育"。在"银行储蓄式教育"中，教师享有绝对的权威，高高在上，神圣不可侵犯，他们是教学活动的主体，是发号施令者，把思想观念"存入"学生大脑里，而学生只是知识的存储器。

"银行储蓄式教育"加剧了社会的不平等与不公正。它忽视了生命的存在，把人降格为"物"，教育过程只是一种产品加工过程，人不仅被物化，同时也被异化了。当教育成为控制学生的工具，沦为纯技术的训练时，生命个体内在的无限潜能便被教育者忽视。学生没有自己的思想，头脑里装的全是从书本和老师那儿学来的死知识，结果成为了"容器"。

"银行储蓄式教育"实质是驯化教育，其目的是为了控制。教师传递给学生的是一种虚假的意识，是为了让学生适应现实。在"银行储蓄式教育"的课堂上，优秀的学生最容易被灌输，学生们丢弃自己的批判思维，不断调整自己，去适应老师所规定的模式。这种教育利用家长式的行动机制来驯化学生，阻碍了教育的实践行为，扼杀了学生的创造力和批判意识，培养出来的学生千人一面、万人同音，毫无个性。这种教育是非人性化的。

▲驶向教育的彼岸，需要提高自己的德行

吴　奇：您把"真正的人性"作为解放教育的目的，把自由教育学当作教育的最高阶段。如果把"自由教育学"比作一只大船，您认为掌舵者应该怎样做？

弗莱雷：教师作为这艘船的掌舵者，不仅要学会尊重学生，还要提高自己的德行，才不至于使船偏离目标。谦虚是教师首先应该做到的，这是师生共同学习的起点和基础。因为谦虚能使人真诚地去听别人说什么，会让平等的对话和沟通真正实现。进而避免了偏听偏信、自我崇拜及傲慢无礼。谦虚的教师不仅要吸取学生身上的优点，吸取他们思想中的闪光点，还要能够包容他们暂时的"无知"和犯下的一些过失，引导他们不断超越自己。

爱心是教育的源泉，老师只有对学生和教育的过程充满了热爱，才会真正体会到教学的乐趣。这里的爱体现为宽容，宽容使我们尊重并学习与己不同的思想，宽容能将先进的教育理念转化成真正的教育实践。

果断也是教育者不可缺少的重要品质。一个连自己都不知道下一步该往哪个方向走的教师，怎能引导学生去抉择呢？

用智慧去处理忍耐与急躁之间的关系也是教师应力行的德行。单纯的忍耐或急躁都不利于学生的发展。如果教师只是一味地忍耐，很可能会导致对学生的纵容，从而破坏民主氛围；也会使学生无所事事，教学呈现松散、无序的状态。如果过于急躁，为行动而行动，对学生随便呵斥，缺乏尊重，同样也达不到教学的目的。我认为，真正的有效教学是把二者巧妙地结合起来，使它们之间保持必要的张力。

吴　奇：这些我们称之为师德，虽无形但却是最关键的，这是教师教育成功的基石。

▲有了批判意识，才会有民主的意识

吴　奇：我们国人很爱追求最，如最大、最高、最长，等等。请您谈谈教师的"教"的最高境界是什么。

弗莱雷：对教师而言，教师应该追求"教"的"最"高境界。我认为它应该是培养学生的批判意识（至少要在学生心里种下"批判意识"的种子）。人具有了批判意识，也相应地具有了民主的意识。这里所说的"意识"，不单单是人们对物质世界的反应，更重要的是人们对这一世界的反思。意识的真实性在于把揭露现实和改造现实动态、辩证地结合起来。

关于批判意识的内涵，总而言之，人们用因果原则对问题进行深入解释，用开放的心态、对话的方式对待问题、观察问题、分析问题。处于这种意识状态的人们在提出问题、分析问题、解决问题时就会避免扭曲的认识，避免受预想观念的左右，就会主动、负责任地对待问题；对待新旧事物时不会因为事物的"新与旧"盲目地接受或抛弃，而是科学地接受新旧事物中合理的东西。

人们的这种"批判意识"不是天生的，它必须通过教育才能具有。只有通过教育，学生才会拥有批判意识，去认识世界，揭露世界，改造世界，完善世界。

吴　奇：说得真好！"批判意识"这无形的东西好比利剑，它能劈开纷繁复杂的社会问题，比有形的知识更能让人具有行走社会的能力。

▲教育成功的标志是人性的解放

吴　奇：当下正在流行所谓的"教育成功学"，追求高分，追逐名校，您怎么看这个问题？

弗莱雷：你所说的"教育成功学"其实质是急功近利，属于被压迫教育学。短暂的"成功"换来的将是个人一辈子的平庸，给社会带来的是愚昧、权威、驯化，其结果是社会极其缓慢发展，甚至会倒退（如社会道德）。

教育成功的标志是解放，不是驯化、愚化、奴化。成功的教育是以人为本的。这个"人"的内涵既包括教育要把人从奴役的状态中解放出来，培养一种批判意识；还要教会学生学会生存的本领。这两者之间的关系，只有当学生在社会上走了一遭后，教师教给学生的批判意识才能转化为一种实践力。所以说，教育不仅是要让学生适应社会，更是要发现问题，解决问题，从而改进社会。

▲教育工作者就是政治家

吴　奇：我们常常纠结于"教育与政治"的关系，认为教育要远离政治，只有如此教育才能搞好，对这个问题您是如何认知的？

弗莱雷：世界上不存在中立的教育，教育就是政治！政治就是教育！作为教育工作者，我们是政治家，我们在教育过程中参与政治。如果我们梦想自由，让我们为能与学生双向交流的学校而日夜奋斗，倾听学生，也让他们倾听我们。

教育就是要唤醒人的政治意识，教育就是要唤醒人的公民精神和责任感；教育就是要发展人的民主美德，教育就是要影响人！

▲点起星星之火，一点一点去改变

吴　奇：我们的教改走进了深水区，困难很多，总有人埋怨体制，为自己的不作为寻找理由。有人说教师的个人力量有限，无法发挥作用，对这个问题您怎么看？

弗莱雷：社会政治背景限制了教育者所能吸收的东西，但同时也留有抵制这种限制的余地。如果我们不能改变现存的教育体制，那么教师个体只能用某种态度、价值观、信仰、思想倾向来影响教育过程，无论他们是否被认识或得到承认，教师都可以运用它们来构建和发展他们的种种教学活动。

吴　奇：用句当下时髦的话说就是"我的地盘我做主"，至少要在自己的课堂上点起星星之火。作为有良知的教师，就要千方百计地把教育现场化作能给予千千万万个无限潜能的孩子们发挥自我、找到潜能的成长沃土。不仅如此，还要有撑起"教之即得天下英才"的信心和胸襟。

📖 大师教育智慧：

弗莱雷论教育

1. 被压迫者教育学，作为人道主义者和自由意志论者的教育学，有两个显著的阶段。在第一阶段，被压迫者揭露压迫世界，并通过实践投身于改造压迫世界。在第二阶段，压迫现实已被改造，这种教育学不再属于被压迫者，而成为永久的解放过程中所有人的教育学。

2. 教育工作者必须不耐烦地耐心工作，永远不向任何一端完全妥协。

3. 传统的教育是一种"储蓄"行为，学生就像是银行里开的"户头"，教师则是"储户"。教师进行讲授，进行存款，而学生则被动地听讲、接受、记忆和重述，进行储存。师生之间以这种"你储我存"取代了相互的"交流"——学生"户头"里的"存款"越多，他们发展批判意识就越少，而这种批判意识可以使他们作为世界的改革者介入这个世界。

4. 在传统的课堂教学中，学生发展的是一种依附权威的思想，他们所受的教育就是听老师告诉他们应该怎样想和怎样做。结果，未来的他们只能成为被动的、没有创造力的劳动者。

（摘选自《被压迫者教育学》等）

天津市天津中学　吴　奇

4. 对话马相伯：教育之责在于唤醒

《马相伯先生文集》方豪 编

马相伯（1840—1939），原名志德，字相伯，晚号华封老人，江苏丹徒人。1862 年入耶稣会，后获神学博士学位。著名教育家、复旦大学创始人。1903 年创办震旦学院。1905 年创办复旦公学，并两度担任该校校长（监督）。1907 年参加梁启超组织的政闻社。1931 年"九·一八"事变后积极参加抗日救亡活动。1939 年 11 月，马相伯在流亡途中重病，寿终越南谅山。遗有《马相伯先生文集》。

▲教育要让学生求得"真的知识"与"活的学问"

毕道玉：马老，您好。现在，"中国学生原创力不够""中国学生缺乏想象力"的问题常常被人们提及,是什么导致我们中国学生想象力和创造力下降呢?我们的教育要做些什么?您能否给我们指点一二?

马相伯: 中国学生的原创力不足主要是因为生活中缺乏想象力。学习中"只重记忆,只知依样画葫芦,等于只知贩卖,不愿创造"。父母和老师从小就教学生,你只能这样做,不可以那样做,你要按老师交给的方法来解决问题。长此以往,学生就不敢也不会去质疑所谓的标准答案了。记忆力取代了想象力,也就无创新可言。

我国课程改革虽已实行多年,但现在很多学校的课堂教学模式仍停留在教师讲、学生听的"满堂灌"模式,过多地剥夺了学生思考的机会。我一直推崇在教学中要采用"提举纲领、开示门径"的启发式教学法,坚决反对只停留于文字表面的训诲或者教条式的灌输。教师平时的教学要注重研究与实验,引导学生手脑并用,敢于质疑,主动探究,求得"真的知识"与"活的学问",从而提高原创力。

▲学生要在真正的经典中汲取养分

毕道玉: 您自幼进入私塾学习,有着深厚的国学根底。成年后,又求学于法国天主教会创办的依纳爵公学,可谓学贯中西。您能结合近年来我国掀起的学童"读经热",谈谈对中国传统文化的继承问题吗?

马相伯: 对待中国传统文化我主张采取批判继承的态度。现在,一些学校开展经典诵读活动时,只追求在形式上能吸引公众的眼球,豪不客气地说,这简直就是在作秀。他们对诵读的内容不加分析,不加甄别,不深入研究,致使一些带有糟粕性的内容流入学校,扭曲了学生的价值观念,腐蚀了学生的心灵,造成了很坏的负面影响。为此,学生"读经"要遴选那些优秀的、有进步意义的经典篇章。

此外,我们还要考虑到不同年龄的学生理解力也是不同的,诵读内容的选择要有针对性,要符合学生自身的认识特点,切不可搞一刀切,从小学到大学都一个样。

总之,对经典的选择和学习,一要能完善学生个性和提高人文修养,二要有利于学生创新精神和独立人格的培养。让学生在真正的经典中汲取养分,继承中华文化的真谛,成长为一个真正的儒雅之士。

▲当代教育人文精神不可缺

毕道玉:近年来,我国发生多起大学生"同室操戈",致人死亡的冲突案件。有人说这是当代教育中人文精神缺失的表现,对此,您是如何看待的?

马相伯:我在代理北京大学校长时发表演讲说:"所谓大学生,非校舍之大之谓,非学生年龄之大之谓,亦非教员索薪水之大之谓,系道德高尚学问渊深之谓,诸君在此校学习,须遵循道德和专业内容,庶不辜负大学生三字。"我所阐述的道德既包括中国儒家优秀道德元素,又包括西方资产阶级一些重要的伦理道德品质。这都属于人文教育的范畴,"人和人的品性"的正确价值观培养都蕴涵其中。

然而,令人痛心的是,处在社会转型期的当代,学术研究和教育都服务于经济建设,讲究实用、速效,显得急功近利。从小学到大学的思想品德教育课也局限于简单的政治说教,如何实现人生价值被忽略了,坚持了几千年的以孔子的"仁学"思想为代表的中国人文教育传统被抛至一旁。可以说,你刚才提出那些发生在校园的伤害事件与我们的学校教育轻视人文教育不无关系。

所以说,教育之责在于唤醒,教育要重视人文精神的培养,培养出有修养的、善于待人接物和懂得为人处世的、具有宽广胸襟和博爱精神的大写的中国人。

📖 大师教育智慧:

马相伯论教育

1. 教育乃立国立人之根本,国与国民,所以成立,所以存在,而不可一日或无者。

2. 俾吾国有志之士,得以研究泰西高尚诸学术,由浅入深,行远自迩，内以修立国民之资格，外之以栽成有用之士。

3. 一切制度、职务、职权，上不属于政府，下不属于地方，屹然独立，唯以文化为己任。

4. 中国民族如果要救亡图存，发挥广大，一定要设法培养全国人民的哲学思想，就是说，要使他们人人能用他们的头脑去思想，去分别，去分析，去判断，夫然后才有民权自由可言。

5. 以树通国之模范，庶使教中可用学问辅持社会，教外可用学问迎受真光。

6. 唯国家柱石，端在人民，今日亡国现象，其根源首在人民之懦弱。为诸君计，与其呼吁政府，莫如开导人民，街头巷尾，茶寮酒肆，皆诸君为国宣劳处也。

(摘选自《马相伯先生文集》)
江苏省句容市天王中学 毕道玉

5. 对话克里希那穆提：教育就是解放心灵

《教育就是解放心灵》〔印〕克里希那穆提 著，张春城 唐超权 译，九州出版社2010年出版。

克里希那穆提（1895—1986），生于印度，是享誉世界的心灵导师。少年时期开始专门的灵性修炼，以后成为彻悟的智者。他一生致力于引导人们认识自我，用自性的光明照亮自己，解放自己。他一生的教诲皆在帮助人类从恐惧和无明中解脱，体悟慈悲与至乐的境界。他的著述是由空性流露的文字和讲话集结而成，已被译成几十种文字，在世界上留下广泛深远的影响。

印度著名教育家克里希那穆提的著作 The Whole Movement of Life is Learning，即由张春城翻译的《教育就是解放心灵》。这本书是克里希那穆提写给英国的布洛克伍德公园学校，以及位于加利福尼亚的橡树林学校的，他的目的就是希望通过这些信来传达，学校应该是什么样的，并且告诉学校的负责人，学校教育不仅要在学生学业上非常出色，更要关心学生整个人的培养。

▲学校里始终要坚持一种培养完整的人的生活方式

罗日荣：我们知道，您是印度著名的教育家，请您谈谈当前学校教育存在的问题？

克里希那穆提：我们的教育主要是为了获得知识，这正在让我们变得越来越机械。无论是在科学、哲学、宗教、商业方面，还是在我们技术知识上，我们的心都在沿着狭窄的轨道运行。无论在家里还是在外面，或者从事某种专业化的职业，我们的生活方式都在让我们的心变得越来越狭隘、局限和不完整。所有这一切导致了一种机械的生活方式，一种心智的模式化，于是逐渐地，国家甚至民主国家，也在规定我们应该成为什么。

罗日荣：您说的这些问题，在我们中国也存在，我们的大多数学校教育更多的是片面地追求学生考试的分数，而忽视了对学生综合素质的培养，以至于培养出了一批批"高分低能"的学生，人才培养质量不高，成了中华民族复兴道路上的一道难以逾越的坎。

克里希那穆提：所以我认为学校里始终要坚持一种培养完整的人的生活方式，要全面发展和培养学生的理智、情感和健全的身体。

▲教育不仅要传授各种学术课程，还要培养学生完全的责任感

罗日荣：什么是教育？作为一个教育工作者，每个人都应该思考这个问题。您作为印度的著名教育家，您是怎么理解什么是教育的？

克里希那穆提：教育本质上就是学习的艺术，不仅在书本上，而从生活的全部运动中学习。教育不仅要传授各种学术课程，还要培养学生完全的责任感。人们并没有认识到，教育者正在创造新的一代，培养新一代的人类，让他们的精神和内心从痛苦、焦虑和辛劳中解脱出来。大多数学校

只关心传授知识,根本不关心人的转变和他的日常生活。你们,这些学校里的教师,需要深切地关心这种完全的责任感。

罗日荣:的确,在我们的教育实践过程中,由于诸多因素的制约,教育慢慢地退化成了一种职业,部分老师关注更多的也只是传授书本知识,期望学生在各类考试中取得好成绩。教育行政官员的政绩需要学生的成绩,校长的位置需要学生成绩,老师的福利待遇需要学生成绩,因此,教育也就这样被权力和欲望绑架了,学生谈何发展。

▲学校不是积累知识的地方,是让智慧觉醒的地方

罗日荣:学校教育是教育的最重要的组成部分,那么在您的眼里,什么是学校?

克里希那穆提:学校是学习的地方,不只是积累知识的地方,理解这一点很重要。在我们的学校里,教育不仅是要学生获取知识,更为重要得多的是让智慧觉醒,然后智慧会利用知识,而绝不是相反。在所有这些学校里,让智慧觉醒是我们的重心。学校不仅是学生学习日常生活必备知识的地方,他们还要在学校里学习生活的艺术,包括它所有的复杂性和微妙性。

罗日荣:那么在您眼里什么是学习?是不是只有在学校才是学习,是不是只有在课堂上才是学习?

克里希那穆提:整个生命的活动就是学习,没有任何时间是没有学习的。人的每一个行动都是学习的活动,每一种关系都是学习。文化的育人就是要让"所过者存,所存在化",而人的一切活动就是一种文化,这种活动就是一种学习。今天我们习惯把积累知识视为一种学习,这在有限的范围内是必要的,但是这种限制会妨碍我们了解自己。知识在某种程度上是可以度量的,但学习中是没有度量的。我们的脑袋装满了这些知识,这些知识关于事物、自然以及我们外在的一切,当我们想了解自己时,我们就求助于那些描述我们自身的书籍。如果我们只注重书本的知识,那么学习的过程就只是让学生变成了"二手人"的过程。

▲在学习中既没有教育者也没有被教育者，只有学习

罗日荣：理解了什么是教育，什么是学校，那么请您谈谈教师与学生之间应该是一种什么样的关系？

克里希那穆提：教师在学生面前不应该保持着一种优越感，使学生有一种"我必须被教育"的自卑感，因为这种关系的存在必然导致学生有一种恐惧感，一种压迫和紧张的感觉。如果教师有一种优越感，学生就会感到被轻视了，于是终其一生，他要么成为侵略者，要么不断地屈服和顺从。所以，作为教师，就要帮助学生面对生活中出现的每一个问题，因为在学习中既没有教育者也没有被教育者，只有学习。教师的职责不仅是帮助学生学习这种或那种科目，而是去理解学习的全部活动，不仅要采集各类学科知识，更重要的是成为完整的人。

📖 大师教育智慧：

克里希那穆提论教育

1. 多少世纪以来，我们被我们的老师、尊长、书本和圣人用汤匙喂大。我们总是说："请告诉我，那高原、深山及大地的背后是什么？"我们总是满足于他人的描绘，这表示我们其实是活在别人的言论中，活得既肤浅又空虚，因此，我们充其量只是"二手货"人类。我们活在别人口中的世界，不是受制于自己的个性和倾向，便是受制于外在的情况和环境，因此，我们只是环境的产物，我们不再新鲜，我们从没有为自己发现过什么东西，我们心中没有什么东西是原创的、清新的和明澈的。

2. 如果父母真的关心他们的孩子，社会在隔夜之间就会改变，我们会有不同的教育，不同的家庭，会有一个没有冲突、没有战争的世界。

3. 你的老师只能帮你准备参加考试，他们从不和你谈生命的问题，而生命的问题却是最重要的。他们不谈，因为很少人知道如何生活。大部分的人只是苟且偷生，因此生活才变成一件可怕的事，真正的生活需要极大的爱，需要对寂静有很深的感受，需要有丰富的经验，却又保有赤子

之心。

4. 我只教了一件事，那就是观察你自己，深入探索你自己，然后加以超越。

5. 从某个角度来看知识是必须的，但是从另一个角度来看知识就变成了障碍。

6. 了解心智如何运作，就是教育的基本目的。如果你不知道你的心智是如何反应的，如果你的心智对自己的活动不能觉察，你就永远不会弄清楚社会是什么。

7. 感受到美而不加入意见，是唯一真正对美的领悟：我们总是满足于他人的描绘，这表示我们其实是活在别人的言论中，活得既肤浅又空虚，因此我们充其量只是个"二手货"人类。

(摘选自《教育就是解放心灵》)
广东省佛山市顺德区陈村镇碧桂花城学校　罗日荣

6. 对话孟子：教育就是尽性尽善

《孟子》孟轲 著，崔钟雷 主编，时代文艺出版社2010年出版。

孟子（前372—前289），名轲，字子舆（待考，又说字子车或子居。按：车，古文；舆，今字。车又音居，是故，子舆、子车、子居，皆孟子之字也）。汉族，战国时期邹国人，鲁国庆父后裔。中国古代著名思想家、教育家，战国时期儒家代表人物。孟子及其门人著有《孟子》一书。孟子继承并发扬了孔子的思想，成为仅次于孔子的一代儒家宗师，对后世中国文化的影响全面而巨大，有"亚圣"之称，与孔子合称为"孔孟"。

▲成为教育家须独立不倚

吴 奇：当下，无论是官方还是民间，"教育家"都是炙热的话题。

向您请教，成为教育家最核心的条件是什么呢？

孟　子：我心慕仲尼，我们可以从孔子身上找到成为教育家最核心的要素。我认为"知其不可而为之"就是成为教育家的最核心要素，这是成为教育家首先要拥有的伟大人格。没有"当今之世，舍我其谁"的豪气，没有"我善养吾浩然之气"的壮气，没有"富贵不能淫，贫贱不能移，威武不能屈"的节气，就不可能有大丈夫的理想人格，就不可能成为遗泽百世的教育家。唯有如此，方能漠视现实，放弃自我，奋斗一生。有人说我不懂如何"阿世苟合"，实在是非不能也，是不肯为也。

吴　奇：这的确是"确然而不可拔"的特立独行的精神修养！再聪慧的凡夫，没有如此精神修养，绝对不会舍生取义，绝对不会舍去功名富贵而忧人忧世、谋国谋天下。

"为天地立心，为生民立命，为往圣继绝学，为万世开太平。"这种人生哲学对教师而言绝不过时，尤其是在当下"位高金多"的俗世中，唯独有了独立不倚的澡雪，方能挺拔而立。

▲教育就是尽性尽善

吴　奇：人生哲学决定其教育哲学，教育哲学是人生哲学的应用。能否请先生言明您的教育哲学？

孟　子：我在《尽心上》篇中言：尽其心者，知其性也；知其性，则知天矣。存其心，养其性，所以事天也。殀（夭）寿不贰，修身以俟之，所以立命也。

我这里所说的"性"是指"人"性，不仅仅指"生而然者"的自然属性，还要加上"同类之物之所同然者"这一条件。我所言的"性"是与禽兽相对而言的，人既有与禽兽相同的原始欲望，又有区别于动物的道德追求即"仁义礼智"。

我所言的"人性善"，有特别之意义，后人常不明啊！"人性善"是指人"可以为善"而不是"人必然皆归于善"。"可以"，是指能然而不必然。正因可然而不必然，乃有待于修为教化。在道理上人皆可以为善，为何会终有不善者？是人不思也。

心之官则思，思则得之，不思则不得也。不思则蔽，蔽则不通，不通则不恕，不恕则不善。既然自己不能把善发挥出来，那么就要受教育，让教育帮你尽善。人与禽兽的区别在于，人之性情可因教而明通，禽兽则虽教也不明通。

尽性尽善就是我的教育哲学啊！

▲ "不为菩萨，即是屠夫"，为师者不可不戒

吴　奇："人类灵魂工程师""园丁""蜡烛"等都是人们赋予教师的伟大称号，这足以说明教师教育作用之伟大。可是，您说"人之患，在好为人师"，这又如何理解呢？

孟　子：在《离娄》篇中，我讲"人之患，在好为人师"。人喜矜己夸人，故好为人师，这是人的劣根性。师者，铸人也！儿童的幸福，悬于教师之手。真可谓教育不可轻言！关乎儿童幸福就是关乎人类幸福。"贤者以其昭昭使人昭昭，今以其昏昏使人昭昭。"如果自己都没搞清楚，却想去使别人明白，这不是缘木求鱼吗？缘木求鱼虽然得不到鱼，但却没有什么后患。可是在教育上，你事事认为自己可引导他人，那有可能给他人造成后患，害人还不自知啊！

吴　奇：夫子所言极是！后人余家菊有感而直言："教育之业，不出之以慈爱之心，便流于残酷之行。身为教师者，不为菩萨，即是屠夫。凡掉以轻心，出以逞己之意者，皆屠夫也。"

孟　子：教师的一言一行都关乎受教育者的成长，故时时记取自身责任千钧之重。一言之出，应思虑是否会对儿童有无不利之影响；一行之发，应思量是否会让儿童感到恶劣之观感。所以，教师岂可茫无计划而漫然从事？岂可掉以轻心而孟然从事？一言一行皆须出于深思熟虑、精审明察，去"好为人师"之心，教师的正能量才能发挥，如此教师才不会成为屠夫。

由是观之，教育旨趣在于培育爱敬之心，去好为人师之心。

▲ "自主"二字贵在先有志

吴　奇：当下我们积极倡导自主学习，可效果不佳，能否请您谈谈"自主之要义"，给我们以资鉴？

孟　子：我认为自主学习第一要义为高尚其志。何谓志？心向之而将行之，但尚未行之，是名为志。人先有其志，然后有其行。立志属于心，这个心是指向学之心。心能制行，行亦能动心；而其枢纽则在于思。

第二要义为自强不息。《易》言"天行健，君子以自强不息"，孔子云"不舍昼夜"，在此基础上"盈科而后进，放乎四海"！自强不息之中还要循序渐进；急功近利，揠苗助长只能让自主学习流于形式。我打个比方，山径有小路，人常走不止，则蹊成为路；有间不用，则茅草生而塞之。强力而终行，学则成路；若一曝十寒，不学则塞心。

第三要义为自得。"君子深造之以道，欲其自得之也。自得之，则居之安；居之安，则资之深；资之深，则左右逢其源。"知识的学习，并非从外灌输而得，必须经过自己努力学习，才能掌握并能彻底领悟。

通过自主学习，别人之意如出己之心，别人之言如出己之口。书中事理，犹如自己所固有的，所以这样才学得牢固；学得牢固，智慧能力则深，智慧能力深，则能左右逢源，犹如掘井及泉，取之不竭。

▲ 教育就是要葆有向学之心

吴　奇：对性之善恶，古今多有争论，在您所处的时代更是异论纷纭，您为何不惮烦难而斤斤于性之善恶之争辩？

孟　子：看似虚悬，实为重大。政治上，为政者认为性善，就会用仁政；反之，则用暴政。我认为"恻隐之心、羞恶之心、辞让之心、是非之心，人皆有之"，且这四者分别是"仁、义、礼、智"之端；"若火之始然，泉之始达"，如果充之，足以保四海，如果不充之，则不足以事父母。

我所言人性善并不是说人性原本都是善的，而是说人的本性中有几棵非常小的、可以发展成善德的苗子，人性中其余的更多的部分则跟禽兽没有什么差别。人的美德就来自葆扬和扩充人性中这一点不同于禽兽的东西。"仁义礼智，非由外铄我也，我固有之也"，这表明操则存，舍则亡，贤者能勿丧耳。

吴　奇：您谈的是政治，按照您的逻辑，我们可以这样理解：在教育上，信性恶论者，教育方法多主束缚钳制；信性善论者，教育方法则多主自动发展。"端"我们也可以理解为是学生"向学之心的幼苗"，教育就是要葆有并扩充这幼苗。

▲做学问关键在于求放心

吴　奇：您在《孟子·告子》一章中说"学问之道无他，求其放心而已矣"。请您给解读一下。

孟　子：我前面讲过，恻隐、羞恶、辞让、是非之心，人皆有之，而且这四者分别是"仁、义、礼、智"之端；这善端原本人心之所固有，修饬之术，关键在于操而存之，勿使丧失。人有鸡犬丢了，则知道去寻找，可是人有心丢了却不知道去求。学问之道无他啊，就是把你丢失的心找回来。这个丢失的"心"，就是向学之心！

心不在焉，则诲者谆谆，听者藐藐，视而不见，听而不闻；心丢了，何能为学？人心不能放，放而当知求之。把心收回了可是放在哪里呢？"必有事焉"！把收回的心放在事上，对事要博学而慎思。如果求放心而不事学问，则义理不明，是非不辨啊！

不但如此，更要养心，"养心莫善于寡欲"。"寡欲"者，淡泊明志也。

吴　奇：老子说："五色令人目盲，五音令人耳聋，五味令人口爽，驰骋畋猎令人心发狂，难得之货令人行妨。是以圣人，为腹不为目，故去彼取此。"孔子言："君子食无求饱，居无求安。"其要旨都是养其身心。

人口鼻耳目四肢之欲愈寡，人之心志愈光明；心志愈光明，学问之道就愈宽广。凡求学者，对此不可不省，不可不思！

📖 大师教育智慧：

孟子论教育

1. 心之官则思，思则得之，不思则不得也。(《孟子·告子上》)

［译文］心这个器官的职能在于思考，能思考便能得到事物的真谛，不思考便得不到。

2. 羿之教人射，必志于彀，学者亦必志于彀。大匠诲人，必以规矩，学者亦必以规矩。(《孟子·告子上》)

［译文］有一个叫羿的人，教人射箭时，一定拉满弓，学习的人一定要努力拉满弓。有名的木工教导人时，一定要依照规矩，学习的人也一定要依照规矩。

3. 自暴者，不可与有言也；自弃者，不可与有为也。(《孟子·离娄上》)

［译文］自己损害自己的人，不能和他谈出有价值的言语；自己抛弃自己（对自己极不负责）的人，不能和他做出有价值的事业。

4. 虽有天下易生之物也，一日暴之，十日寒之，未有能生者也。(《孟子·告子上》)

［译文］即使有一种最容易生长的植物，晒它一天，又冻它十天，没有能够再生长的。

5. 富岁，子弟多赖；凶岁，子弟多暴。非天之降才尔殊也，其所以陷溺其心者然也。(《孟子·告子上》)

［译文］丰收年成，年轻人多表现懒惰；灾荒年成，年轻人多表现强暴，并不是天生的资质有所不同，而是由于环境把他们的心情变坏了的缘故。

6. 中也养不中，才也养不才，故人乐有贤父兄也。(《孟子·离娄下》)

［译文］道德水平高的人来教育薰陶那种道德水平低下的人，有才能的人来教育薰陶那些没有才能的人，所以人人都喜欢有个父兄（以对自己进行教育）。

7. 今夫弈之为数，小数也；不专心致志，则不得也。弈秋，通国之善弈者也，使弈秋诲二人弈，其一人专心致志，唯弈秋之为听。一人虽听之，一心以为有鸿鹄将至，思援弓缴而射之，虽与之俱学，弗若之矣。为是其智弗若与？曰：非然也。（《孟子·告子上》）

［译文］例如下棋的技术，是一种小技术，如果不一心一意，也学不好。弈秋是全国的下棋能手，假使让弈秋教两个人下棋，一个人一心一意，完全听弈秋的话，另一个人表面上虽然听话，心里却一直想着天上飞来一只天鹅，想拿起弓来去射它。他虽然和那个人一样学习，但成绩却不如人家。难道是他没有人家聪明？自然不是的。

8. 君子有三乐，而王天下不与存焉。父母俱存，兄弟无故，一乐也；仰不愧于天，俯不怍于人，二乐也；得天下英才而教之，三乐也。君子有三乐，而王天下不与存焉。（《孟子·尽心上》）

［译文］一个有道德的人有三种乐趣。父母都健在，兄弟没灾患，是第一种乐趣；抬头对得起天，低头对得起人，是第二种乐趣；得到天下优秀的人才进行教育，是第三种乐趣。君子有三种乐趣，但是以德服天下并不在其中。

9. 君子之所以教者五：有如时雨化之者，有成德者，有达才者，有答问者，有私淑艾者。此五者，君子之所以教也。（《孟子·尽心上》）

［译文］君子教育人的方法有五种：有像及时雨那样浇灌万物的，有成全别人的品德的，有培养别人的才能的，有解答别人疑问的，还有以流风余韵传下来，供后人学习的。这五种便是君子教育人的方法。

10. 梓匠轮舆能与人规矩，不能使人巧。（《孟子·尽心下》）

［译文］木匠或专做车子的匠人能够把制作的办法标准传给别人，却不能使人学到高明的技巧。

（摘选自《孟子》）

天津市天津中学　吴　奇

7. 对话卢梭：让孩子回归自然

《爱弥儿 论教育》（上卷）〔法〕卢梭 著，人民教育出版社 2001 年出版。

让-雅克·卢梭（Jean-Jacques Rousseau，1712—1778），法国伟大的启蒙思想家、哲学家、教育家、文学家，是18世纪法国大革命的思想先驱，启蒙运动最卓越的代表人物之一。主要著作有《论人类不平等的起源和基础》《社会契约论》《爱弥儿》《忏悔录》《新爱洛漪丝》《植物学通信》等。在《爱弥儿》中，体现了卢梭对教育的观念——自然主义，深深地影响了现代教育理论。他强调要降低书面知识的重要性，建议孩子的情感教育先于理性教育。他尤为强调通过个人经验来学习。他的核心理念是——"让我们回归自然"。

▲自然主义是让孩子找到适合自己发展的途径和方法

孙志江：您的教育理念是让孩子回到自然，是不是可以理解为，我们教育的主体是孩子而不是老师？

卢　梭：是的，我们的教育主体应该是孩子。不论是成人还是孩子，他都是一个世界，要想了解孩子我们必须走进他们的内心世界，这就要求我们必须以孩子作为我们的研究主体。我们要知道他们在想什么，做什么。我们的教育是为孩子服务的。

孙志江：既然您强调的是自然主义，是不是就是让孩子自然地发展而不要干涉呢？

卢　梭：自然主义绝不是让孩子自由的发展，而是让孩子找到适合自己发展的途径和方法。我们当老师的要在适当的时候加以引导。我常说我们做教育者要做好五心，即对孩子要保护他们的自尊心，对他们要有宽容之心，要有鼓励之心、激励之心，要让他们建立强大的自信心。

▲教学过程要以儿童的主动发现为主

孙志江：您曾说过，"当一个人一心一意做好事情的时候，他最终是必然会成功的"，在教学中，您认为过程重要还是结果重要？过程是否影响到结果？

卢　梭：结果当然很重要，但我以为对于孩子的学习来说，过程肯定要大于结果。每个孩子都有追求梦想的权利，这个梦想很大程度就是一个过程。我们作为教育者一定要处理好过程与方法的关系。

我强烈反对传统的灌输——接受式教学，我认为这种方法是对心灵的漠视与桎梏。真理是靠主体去主动发现并自行验证的，而不是接受现成的、不加验证的。因此，我认为教学过程要以儿童的主动发现为主。

孙志江：这是否意味着，我们在教学上必须摆脱本末倒置、功利主义的心态与做法，将激发学生对学习生活本身的内在动机与直接兴趣作为教学的出发点、着眼点与归宿，也只有这样，教学才能达到事半功倍的效果，也才能真正体现教学的价值与意义？

卢　梭：是的，教学应以尊重儿童及其自然天性为基本前提和起点，激发和保护儿童那源于生命自然的好奇心和兴趣，以儿童在教师导引之下的自主发现的教学过程，依性而教，淡化竞争，培养身心和谐发展、自由自主地行走于文明社会的"自然人"。

▲教育者应该发掘每个孩子的潜能

孙志江：面对现在的择校热，您想对管理者说点什么呢？

卢　梭：首先我们应该明确一点我们不要埋怨家长。按照黑格尔哲学理论，存在就是真理。我们必须承认学校之间的差异，我们还要知道这种差异不是一天两天形成的。我看要想真正给择校热降温，还要从管理层做起。比如学生既然可以电脑派位，老师为什么就不能电脑派位呢？

孙志江：您的《爱弥儿》一书向我们讲授了理想主义的教育，这和今天我们畅谈的素质教育有什么关联吗？

卢　梭：我们所理解的素质教育，就是人的全面发展。每个孩子都有自己的潜能，我们作为教育者就应该想方设法把它发掘出来。一个孩子走向社会很大程度用到自己的长处，而不是自己的短处。我们应该很善于找到孩子的潜能并把它发挥到极致。

▲开卷有益，开好卷那就更有益了

孙志江：您说过："读书不要贪多，而是要多加思索，这样的读书使我获益不少。"您能详细解读一下这句话的内涵吗？

卢　梭：读书是要有选择的，我们的孩子到底应该看什么书，这的确需要我们当老师的加以思考。刚开始应该是鼓励他看书，然后就应该是有选择地看书了。特别是通过读书要引起自己的思考。开卷有益，开好卷那就更有益了。

孙志江：感谢您接受我的提问，如果用一句话再来概括您的教育理念，您最想说什么？

卢　梭：教育是一个长期的过程，孩子是一个世界，我们只有不断地学习，才能真正读懂这个世界。

📖 大师教育智慧：

卢梭论教育

1. 当我们看到野蛮的教育为了不可靠的将来而牺牲现在，使孩子受各种各样的束缚，它为了替他在遥远的地方准备我认为他永远也享受不到的所谓的幸福，就先把他弄得那么可怜时，我们的心里是怎样的想法呢。

2. 你知道用什么方法一定可以使你的孩子成为不幸的人吗？这个方法就是对他百依百顺。

3. 一切学科本质上应该从心智启迪时开始。

4. 问题不在于告诉他一个真理，而在于教他怎样去发现真理。

5. 在儿童时期没有养成思想的习惯，将使他从此以后一生都没有思想的能力。

6. 读书不要贪多，而是要多加思索，这样的读书使我获益不少。

7. 在我们中间，谁最能容忍生活中的幸福和忧患，我认为就是受了最好教育的人。

8. 尽管有许多人著书立说，其目的，据说完全是为了有益大众，然而在所有一切有益人类的事业中，首要的一件，即教育人的事业，却被人们忽视了。

（摘选自《爱弥尔　论教育》）
北京市朝阳区育人学校　孙志江

8. 对话亚里士多德：和谐教育是教育发展的理想目标

《亚里士多德的智慧》亚里士多德原典，刘烨 曾纪军 编译，中国电影出版社2007年出版。

亚里士多德（公元前384—公元前322），古希腊斯吉塔拉人，世界古代史上最伟大的哲学家、科学家和教育家之一。是柏拉图的学生，亚历山大的老师。公元前335年，他在雅典办了一所叫吕克昂的学校，被称为逍遥学派。马克思曾称亚里士多德是古希腊哲学家中最博学的人物，恩格斯称他是古代的黑格尔。作为一位最伟大的、百科全书式的科学家，亚里士多德对世界的贡献无人可比。他对哲学的几乎每个学科都作出了贡献。他的写作涉及伦理学、形而上学、心理学、经济学、神学、政治学、修辞学、自然科学、教育学、诗歌、风俗，以及雅典宪法。

▲和谐教育就是身心和谐发展

陆青春："和谐"一词，在英语中为"harmony"，表示感情、兴趣、意见等的和睦、一致，体现了一种整体和谐统一的色彩。在汉语中，和者，和睦也，有和衷共济之意；谐者，相合也，有顺和协调之意。和谐教育是中外教育发展史上的理想目标，古希腊的和谐教育思想和中国先秦时天人合一的价值追求都显示这一点。请您谈谈什么是"和谐教育"。

亚里士多德：和谐教育并非今日始，而是走过了相当漫长的历程。在西方，古希腊"三哲"（苏格拉底、柏拉图、我）都是和谐教育的倡导者。我们以自己的"灵魂三分"论为基础，主张对人们进行智、德、体三方面协调统一的教育，以培养和谐的人。

在德育、体育、智育的关系上，我根据植物灵魂产生于非理性灵魂之前，非理性灵魂产生于理性灵魂之前的情况（如：儿童未出生以前就已有了身体，刚一出世，即已表现出感觉和欲望，至于理智与沉思的出现，要晚得多），确定身体与心灵的训练，身体的训练在先，灵魂中非理性部分与理性部分的训练，非理性在先，而身体和感觉、欲望的发展，则是为理智和沉思的发展作准备、打基础的。这就是说，要发展感觉、欲望，必须首先发展身体；而要发展理智、沉思，又必须先发展感觉和欲望。我认为，这种身体、感觉、理智的发展顺序，是符合人的心理活动的特点的。因此，我把体育放在最前面。在教育上，实践必先于理论，而身体的训练须在智力训练之先。其次是道德教育。通过德育把各种感觉、欲望引向良好的轨道，形成美好的德行。最后才是智育，包括美育，通过智育和美育，使灵魂中的理智与沉思得到最大限度的发展。我把人的理智的充分发展作为教育的最高目的。因为理智发展了，才能控制不良的欲望，过真正有道德的生活，从而获得幸福。理智发展了，就可以使一切行为都合乎中庸之道，如：可以既不粗暴，也不卑怯，而是有勇气；既不傲慢也不卑贱，而是自重；既不吝啬也不奢侈，而是宽大、节制；等等。能够具备这些品质，就可以成为幸福的人。

陆青春：自从人类有教育活动以来，许多有教育主张和教育思想的智者都主张教育应是和谐的。因为自然是有序的，人的生命也是有秩序的。人的发展应使生命的各部分得到和谐发展。因此，诉诸人的身体、器官及思维的教育活动必须是和谐的。你怎么看待这个问题呢？

亚里士多德：每个人对于思想家的理论有不同的看法。我根据人是由身体（肉体）和心灵两个不可分割的部分所组成的理论，在西方教育史上第一个从理论上论证了身心和谐发展的教育问题。我把灵魂分为三个部分：一是表现在身体的生理方面的植物灵魂，是灵魂的低级部分，为一切生物所共有；二是非理性灵魂，即动物灵魂，也称意志灵魂，表现为感觉与欲望，是灵魂的中级部分，为动物和人所共有；三是理性灵魂，表现为理智与沉思，为灵魂的高级部分，是人类所特有。这三种灵魂是自然赋予人类的活动能力的萌芽，具有发展的倾向，但它们的实现全依赖教育。

因此，我提出与三部分灵魂相适应的三种教育，即发展植物灵魂的体育，发展动物灵魂的德育和发展理性灵魂的智育。在各育的关系上，要发展感觉、欲望，必须首先发展身体；而要发展理智、沉思，又必须先发展感觉的欲望，这种身体、感觉、理智的发展顺序是符合人的心理活动的特点的。因此，我把体育放在最前面。其次是道德教育。最后才是智育（包括美育）。我把人的理智的充分发展作为教育的最高目的。

▲ "应试教育"这种教育模式并不和谐

陆青春：您的教育著作告诉我：人的发展应当是有序、协调、和谐的。人的发展应当使生命的各个部分都得到和谐发展。用您的和谐教育思想的观点来看，当下我国的"教育模式"和谐吗？

亚里士多德：和谐教育既是一种思想、理论，也是一种理想、追求，同时又是一种实践活动，它包括了人与自然、人与社会、人与自我、人与超我四个层面的和谐。

人与自然的和谐对学校教育而言，就是要如何使学生养成善待自然、关爱地球的思想意识和行为习惯非常重要，学校本身就应是一个人与环境和谐相处的地方；人与社会的和谐就是要正确处理人与社会在法治教育和道德教育两方面的关系；人与自我的和谐，主要是指人的身体与精神两方面的和谐以及人精神世界的内在和谐，在我看来，教育主体对不和谐的感受和对和谐的需求，形成教育者参与改革实践的动力因素，通过变革和创新教育的内容与方法，从而消除已有的不和谐，达成相对和谐；人与超我的和谐，指的是神灵世界与世俗世界之间的和谐。教育的最高境界当是灵魂的感召。从某种意义上说，教育与信仰有着内在的关联，甚至可以说，信仰是真正教育的天然要求。因为真正的教育不仅有现实的关怀，还会有终极的关怀，而终极关怀只能由信仰来承载。

▲教育的根本目标是让学生身心发展和谐

陆青春： 从你上述的观点看，我能否理解和谐教育的最终目标就是造就学生和谐的个性呢？

亚里士多德： 和谐教育的内涵是丰富的，它可以按不同维度、不同层次来分析。如关系结构的和谐，教育发展目标的和谐，外部环境的和谐，生命内部关系的和谐，等等，它追求的根本目标在于学生身心发展本身的和谐。统观学校教育诸方面的关系，最终是希望造就学生和谐的个性。教育的本质是发展学生的实践活动，必须把办学者的精力集中于学生的发展。什么是发展学生和谐的个性呢？我的理解是：和谐的个性由表及里包含三个含义。

首先，承认每个孩子都有一个独立的精神世界，有独特的天性和潜能。和谐教育是热爱每一个学生，使每个学生都能充分发挥自己的个性潜能，成为他自己能够成为的人。因此，教师既要毫无例外地热爱每一个孩子，又要承认儿童在身心潜能方面的差异性。这一差异性仅指智能方向的差异，个体性格的差异，发展速度与样式的差异。并且这一差异是发展过程中一定时段上的差异。学校课程配置有弹性，教学形式和要求比较灵活多样，评估体系逐渐开放、多元。我认为，正是承认儿童的差异、适应儿童的差异才为每个儿童赢得快乐、胜任的学习感受，赢得心灵的平静与和谐。这样，所有儿童才可能是不被学校教育排斥的身心安宁的人。

其次，我认为，尽管儿童潜能方向和水平有差异，但小学教育作为为人的发展打基础的时期，应使其发展在内容覆盖和智能开发训练方向上较为均衡，成为一个较为均衡发展的人。如：儿童的知识、能力与态度品格三者大体上均衡。如：儿童的认识发展与情感发展两者大致协调。再如：允许学生对不同学科有所特长，但又不过于偏科，等等。总之，基础教育在对学生的基础知识、基本技能、基本态度方面，有基本要求，要求三者之间较为均衡，发展均衡即为个性和谐。

最后，经过和谐教育的学生在深层次心理结构的构建上有明显的审美性特征及其定势倾向。学校积极为学生创造和谐的精神氛围、和谐的物化环境、和谐的人际关系、和谐的教学节律，这一和谐教育特征所共有的秩序美、形式美、节奏美、人心亲和美对学生有耳濡目染之效，推动儿童渐渐构建起审美型心理素质，它们既是由审美心理结构构成的和谐态，又是具有趋美定势倾向、有动力作用的和谐力。

陆青春：和谐教育的路径有哪些？

亚里士多德：一是目标与过程的统一。和谐教育是理想目标，但这并非意味着和谐教育仅仅是人类的理想，可望而不可即，它实际上是贯穿于人类教育的发展过程中，也可落实在具体的学校教育中。在协调各类教育因素并使之彼此配合，有助于人的发展时，和谐教育就有所体现了。和谐教育的过程是学生享受幸福、体验快乐的过程。由于受传统"头悬梁""锥刺股"苦读精神的影响，人们往往视学习为吃苦的过程，是痛苦磨练的过程，在克服困难取得成绩后，才有所谓"苦尽甘来"的说法。实际上，随着近年体验经济、服务经济等概念的流行，人们已摆脱了以往以纯粹的物质享受、物质增长为指标的经济学模式；同样，教育领域里，如何使学习过程与学习目标整合并在学习过程中体验幸福和成长的思想正在赢得共识。

二是外部与内部的统一。教育与经济、政治、文化及社会等系统的关系如何统一？以往教育往往依附于上述强势领域并成为其工具，教育自身缺乏独立意识。改革开放前，教育主要充当的是政治工具，之后则成为经济的工具,作为传播文化的手段之一,它又被视为社会的一个重要服务部门。今天的教育除了要为经济、政治、文化等部门服务外,还应坚守独立的教育立场,某种程度上还要超越现实社会,引领政治、经济、文化向着更加人性的、和谐的方向发展。当代学校教育要成为社会各要素的粘合剂、润滑膏,自身要成为社会和谐的核心元素。建设和谐社会,需要和谐教育。没有和谐教育,就没有和谐社会;反之,没有和谐社会,也没有和谐教育。和谐教育与和谐社会的发展是彼此互动的,教育是构建和谐社会的基础之一。从教育自身内部言之,要力争结构的和谐(普通教育与职业教育,高等教育与基础教育,学校教育与社会教育等)、课程的和谐(普通课程与职业课程,人文课程与科学课程等)、课堂的和谐以及师生的和谐等。

三是学习与生活的统一。当今社会正向终身教育、学习型社会转轨,学习不仅仅是青少年的任务,也不仅仅是谋生的手段,它已成为人们日常生活的一部分,甚至就是生活本体。因此,学习质量不仅表现为学习者对知识的把握、能力的提高,同时也是展开精神生活、体验、感受幸福的过程。

📖 大师教育智慧:

亚里士多德论教育

1. 体育是为了使身体和生理得到发展,德育是为了发展人的非理性灵魂,智育则是为了发展理性灵魂,促进其和谐发展。
2. 教育应由法律规定,并且应是国家的事务。
3. 教育并不能改变人性,只能改良人性。
4. 教育是廉价的国防。
5. 教育在顺境中是装饰品,在逆境中是避难所。
6. 在教育上,实践必先于理论,而身体的训练须在智力训练之先。
7. 教育的根是苦的,但其果实是甜的。
8. 坏习惯是在不知不觉中形成的。

(摘选自《亚里士多德的智慧》)

浙江省宁波市国家高新区实验学校　陆青春

教书与育人篇

不管教师本人认识与否，承认与否，他的"教书"都在起着"育人"的作用。于教师而言，在所教的知识中，在教知识的过程中，在教师自己的言行、态度中，普遍地并带有决定性地起着形成学生的整个身心、整个精神面貌和思想体系的作用。这是不以人的主观意志为转移的客观规律。

但在现实工作中，仍有一些教师认为"我只管教书，不管育人"，而有一些教师为了鼓励学生读书，竟向学生灌输读书是为了"当官发财娶美女"的不良观点。

是给学生正面的、正确的教育，还是对学生的成长起相反的作用？教书育人的天职向教师提出了一个非常严峻的要求：一定要自觉地认识规律，正确地利用规律，按照我们的社会主义教育目的来自觉地确定教书育人的方向，把学生培养成为我们的时代与事业所需要的建设者和接班人。

和谐的师生关系促进学生主动、乐意地接受教师的培养塑造，反之则仇视教师、抵制教育。可见，只有亲其师才能信其道，也只有信其道才能从其教。对此，古今中外教育大师们的观点惊人相似。我国教育家陶行知先生曾说："教师的职务是'千教万教，教人求真'；学生的职务是'千学万学，学做真人'。"苏联教育家乌申斯基也曾说过："教师个人的范例，对于青年人的心灵，是任何东西都不可能代替的最有用的阳光。"

让我们一起走近孔子、蒙田、苏霍姆林斯基等教育大师，与他们进行穿越时空的心灵对话。

1. 对话孔子：有教无类就是每个人都享有公平教育的权利

《论语》张燕婴 译注，中华书局 2006 年出版。

孔子（公元前551—公元前479），名丘，字仲尼，华夏族，春秋时期鲁国陬邑（今山东曲阜市南辛镇）人，先祖为宋国（今河南商丘）贵族。春秋末期的思想家和教育家、政治家，儒家思想的创始人。孔子集华夏上古文化之大成，在世时已被誉为"天纵之圣""天之木铎"，是当时社会上的最博学者之一，被后世统治者尊为孔圣人、至圣、至圣先师、万世师表，是"世界十大文化名人"之首。孔子的儒家思想对中国、儒家文化圈及世界有深远的影响。

▲教师要永不疲倦地教诲学生

罗日荣：孔老师，您好，您是中国最伟大的教育家，您能谈谈您所说的"有教无类"是什么意思吗？

孔　子："有教无类"就是教育面前人人平等，每个人都有享受公平教育的权利，教育没有高下贵贱之分，我的学生中各种阶层的人都有。我的弟子中有来自贵族阶层，如南宫敬叔、司马牛、孟懿子，但更多的是来自平民家庭的，如颜回、曾参、闵子骞、仲弓、子路、子张、子夏、公冶长、子贡等。

罗日荣：作为一位教育家，您认为当一名教师应该具备的最基本的素质是什么？

孔　子：若圣与仁，则吾岂敢！抑为之不厌，诲人不倦，则可谓云尔已矣。作为一名教师，一辈子做教师，就要一辈子做学生，活到老学到老。另外，教师的一个重要职责就是教育学生，所以教师就要永不疲倦地教诲学生。做教师就要有认真、负责的教学态度，忠诚地、百折不挠地履行一个教师的义务和职责。

▲教学要因材施教、循循善诱

罗日荣：现在无论是老师还是家长，都希望学生将来能考上名牌大学，因此，学校教育更多的只是重视文化教育，准确地说就是应试教育，您怎么看待这个问题？

孔　子：我对学生的教育是"因材施教"。因为学生的个性、爱好、特长、智力、习性等各不相同，所以我对于学生的要求也不一样，教育就要从实际出发，针对学生智力和习性的不同，因材施教，循循善诱。比如我的学生冉求，他胆子小，做事前怕狼后怕虎，因此我就要求他凡事要抓紧，一听说就应马上去做。而我的另一个学生仲由，这个人胆大，做事敢作敢为，但也因此而冒失惹祸，所以我就要求他凡事先退一步，请示父兄后再去做。

罗日荣：二十一世纪的教育模式虽说多种多样，但为了最后的升学率，大家又都不约而同地回归到"填鸭式"教学模式。三千年前的教育方式又是怎么样的呢？能否让我们借鉴一下？

孔　子：我认为："不愤不启，不悱不发。举一隅，不以三隅反，则不复也。"教学时不能只强迫灌输，而是要培养学生在学习上的积极性和主动性，教师应该要求学生积极地思考问题，善于推论，举一反三。

▲教师要以身作则、言传身教

罗日荣：现代教育更加关注学生的文化知识，轻视德育教育，很多人认为这是一种教育倒挂，您怎么看待这个问题？

孔　子：我认为弟子入则孝，出则悌，谨而信，泛爱众，而亲仁。行有余力，则以学文。一个人首先品行要学好，然后才是去学习文化知识。如果父母将子女送入学校学习，学校只重视学生的文化知识的教育，却忽视了培养学生的道德修养，那么在学生的道德修养上就会形成一个缺层。

罗日荣：您认为教师应该怎样做到"为人师表"？

孔　子：在学生面前，教师必须以身作则，言传身教，为学生传道、授业、解惑。教师要为学生作好的榜样，教师要为学生营建一片学术净土，构建学校文化的精神堡垒，有效地抵制当前低俗浮华的教风，真正做到"学高为师，身正为范"。

罗日荣：和您聊了这么多关于教育的话题，您对于现代教师寄予什么样的厚望？

孔　子：我认为恭则不侮，宽则得众，信则人任焉，敏则有功，惠则足以使人。

"恭则不侮"，就是指只有尊重别人，你才不会招致羞辱，别人也不会来侮辱你。作为教师，就要尊重学生，尊重家长，尊重同事，平等地与他们交流与沟通，以感情赢得感情，以心灵感受心灵。

"宽则得众"，就是教师要有一颗宽容之心。当遇到学生犯错时，教师不是大声的呵斥，也不是暴力惩戒，而是首先寻找学生的闪光点，在循循善诱中让学生认识到自己的错误，使学生真心悔悟。这就是宽容的魅力，这也是教育的魅力。学生成长的过程是一个不断犯错的过程，老师们要有一颗宽容的心对待学生的错误，运用教育智慧引导、启发、教育学生，这才是教育。

"信则人任焉",就是教师要信任学生。只有教师信其生,学生才会亲其师、信其道。尊重人、信任人,是教育人的前提;只有从尊重人、信任人出发,才能产生合理的教育措施,才能取得良好的教育效果。

"敏则有功",就是教师要不断修炼自己的教育智慧。教师的职责是教书育人,面对不同的生源,特别是面对所谓极其普通的生源,教师的智慧不应该体现在"择生",而应该是"有教无类"。教育是一个民族生生不息的甘露,教师是学生健康成长的心灵导师。教师要有爱心,要有奉献,更要有智慧,遵循学生成长的规律,去破解品格塑造的瓶颈,去点燃渴求知识的热情,去夯实全面发展的基础。正确理解孩子,把孩子看成正在成长、正在变化的主体,以孩子的健康成长为本,有爱心、细心、耐心、恒心,让教育有弹性、包容性和方法性,智慧就会不断生成。

"惠则足以使人"就是要求教师用智慧启迪学生的智慧。一个智慧型教师要丰富自己的知识,智慧型教师具有智慧离不开原有的知识积累更离不开长期不断的学习;教师要提高自己的智能,学历只代表过去,只有学习力才代表将来。只有提高自己的智能,才能使自己在学校成为不可或缺的人;合理的运用智谋,教育学生不是一件简单的事情,教师在教育教学过程中要想取得良好的效果,就必须处处留心洞察学生的学习心理,根据不同的问题选择和运用最合适的方法和手段,恰当地运用教育谋略,抓住时机巧妙地设置激励的氛围,在学生身上产生有效的教育效果。

📖 大师教育智慧:

孔子论教育

1. 始吾于人也,听其言而信其行;今吾于人也,听其言而观其行。
2. 知之者不如好之者,好之者不如乐之者。
3. 知之为知之,不知为不知,是知也。
4. 子绝四:毋意,毋必,毋固,毋我。
5. 益者三友,损者三友:友直,友谅,友多闻,益矣;友便辟,友善柔，友便佞，损矣。

6. 不愤不启，不悱不发，举一隅不以隅反，则不复也。

7. 三人行，必有我师焉：择其善者而从之，其不善者而改之。

8. 温故而知新，可以为师矣。

9. 见贤思齐焉；见不贤而内自省也。

10. 德之不修，学之不讲，闻义不能徙，不善不能改，是吾忧也。

11. 默而识之，学而不厌，诲人不倦，何有于我哉？

12. 君子有九思：视思明，听思聪，色思温，貌思恭，言思忠，事思敬，疑思问，忿思难，见得思义。

（摘选自《孔子》）

广东省佛山市顺德区陈村镇碧桂花城学校　罗日荣

2. 对话蒙田：教育在于塑造和谐、健全的人

《蒙田随笔》〔法〕蒙田著，杨元良译，湖南文艺出版社2010年出版。

蒙田（1533—1592）是法国16世纪后期文艺复兴时期最重要的人文主义作家和教育思想家。以《蒙田随笔》（也叫《尝试集》）三卷留名后世。他的著作和思想在当时的法国和后世其他国家都有深远的影响。主要从学生、教师和教育式三个方面来论述其崇尚理性和经验的思想。

▲教室应是学生收获的乐园

毕道玉：现在总有些老师抱怨现在的学生太难教，没有上进心，不热爱学习，最讨厌的地方就是教室。您对此事是怎样看的，能为我们分析这种情况产生的原因吗？

蒙　田：我一直希望："要让教室里充满欢乐，洋溢着花神和美惠女神的欢笑，他们收获的地方也应该是他们玩乐的地方。"而不希望像您所说的那样，教室简直成了学生的梦魇。

在那些老师眼中"没有上进心"的学生可能确实不热爱学习，但不知您有没有想过，教师恰恰是导致这种情况产生的根源。回忆一下我们的课堂：以教定学、以本为本，教法单调、学法单一，充满训斥、缺乏鼓励。课堂上学生不仅享受不到学习带来的乐趣，还天天如履薄冰、胆战心惊。长此以往，他们哪还会喜欢上教师和教室呢？

教学要能"以人为本"，尊重学生，从学生的实际出发，以学生健康成长为出发点。同时授课的方式要灵活多样，自由轻松，做到因材施教，让每个学生都能找到自己的优点，并使之充分发挥，享受到成功的喜悦。对待犯错的学生要给予改正的机会，避免专权蛮横的体罚。

▲最好的教育办法是培养学生的学习兴趣

毕道玉：在中国有一个奇怪的现象：中国学生在数学、物理等国际竞赛中屡获大奖，但至今却未能出现一位科学方面的诺贝尔奖获得者。"钱学森之问"也引起了教育界的广泛谈论和思考。对此，您能否从教育角度给我们解读一下？

蒙　田：您所说的"钱学森之问"产生的根源还是在教育。虽然新课程改革实施多年，但很多教师的教育理念未能发生根本性变革。在教学方法上，传统的以教师讲解为主的"满堂灌式"的教学方法仍大行其道。这种陈旧的教学方式缺乏教学互动，学生的参与性差，只要求学生机械记忆或模仿，而不需发散、想象。这样是不利于学生良好思维习惯的养成和创新能力的提升的。要知道"一个仅仅跟着别人走的人不会去探索什么东西，也找不到什么东西"。

教师在教学中要想方设法调动学生，激发出他们强烈的好奇心和求知欲，教师切记："教育学生，最好的办法莫过于培养对学问的兴趣和爱好，否则我们将只是教育出一些满载书籍的傻子。"

总之，我们的教育要培养学生主动发现、分析、解决问题的能力。在生活中要有一双能发现问题的眼睛和善于思考的脑袋，不做一味模仿别人的机器。

▲在一切形式中，最美的形式是人的形式

毕道玉：四百多年前，您说："在一切形式中，最美的形式是人的形式。"这和我们现在提倡的"以人为本"的教育理念不谋而合。您能否结合您的"人文主义思想"对现在的教育提些建议呢？

蒙　田：我坚持认为人只有提高自身品质与修养，才能实现人生价值。教育之目的在于塑造和谐、健全的人。

首先，教育应顺应孩子的发展，适应孩子的实际能力。我们的教育不可抹煞孩子的年龄和心理特征，对孩子"最高的训练，就是依顺自然"。常有人用很多时间，孜孜不倦于培养孩子做他们勉为其难的事，因为选错了路，结果徒劳无功。

其次，教育应充分发挥学生的自觉性。教师要按学生的能力进行教学，让学生理解所学知识，教师的工作仅仅是开路和引路的工作。"有时候给他开路，有时候要让他自己去开路"。教师要交给学生科学的学习方法、无畏探索的勇气、主动质疑的精神，把学生培养成"绅士"，而不是"学究"。

最后，我们要认识到"教给学生丰富的知识固然重要，但不能因此而迷失方向，失掉最根本的东西——做人的起码道理：什么是正确的人生态度和生活方式，要活得有价值，死得其所"。这才谓之教育的真谛——即健全人格的培养。就像我定义"精神健康"的概念一样：人要"有坚定的信念和真诚等良好品德，懂得廉耻，拥有战胜困难的毅力和勇气，热爱生活、美丽和荣誉，崇尚爱情，懂得节制快乐和其他欲望"。只有让学生人格健全发展的教育才能称得上真正的教育，真正的以人为本。

相信，只要我们的教育坚持科学发展，坚持以人为本，一定会培养出真正的人才和大家。

📖 大师教育智慧：

蒙田论教育

1. 要让教室里充满欢乐，洋溢着花神和美惠女神的欢笑，他们收获的地方也应该是他们玩乐的地方。

2. 教育学生，最好的办法莫过于培养对学问的兴趣和爱好，否则我们将只是教育出一些满载书籍的傻子。

3. 教给学生丰富的知识固然重要，但不能因此而迷失方向，失掉最根本的东西——做人的起码道理：什么是正确的人生态度和生活方式，要活得有价值，死得其所。

4. 理性和真理是人所共具的，属于那先说出来的人并不属于那引用的人。蜜蜂到处掠取各种花朵，但后来酿成蜜糖，便完全是他们自己的了；已经不再是百里香或仙唇花了。同样，人们属于他自己的作品。他的教育、工作和研究没有别的目的，只是要培养他的这种消化能力。

5. 人要有三个头脑，天生的一个头脑，从书中得来的一个头脑，从生活中得来的一个头脑。

6. 男孩子生性自由，不善服从；对待他们，当以诚恳和率直的态度，帮助他们建立起勇气。

(摘选自《蒙田随笔》)

江苏省句容市天王中学　毕道玉

3. 对话赫尔巴特：适当的惩罚是必要的

《普通教育学·教育学讲授纲要》〔德〕赫尔巴特 著，李其龙 译，人民教育出版社 2010 年出版。

约翰·弗里德里希·赫尔巴特（德语：Johann Friedrich Herbart，1776—1841）是 19 世纪德国哲学家、心理学家，科学教育学的奠基人。在近代教育史上，没有任何一位教育家可与之比肩，在西方教育史上，他被誉为"科学教育学的奠基人"，在世界教育史上被称为"现代教育学之父"，主要教育著作《普通教育学》形成了自己独特的教育理论体系，此书也被后世的教育家认为是独立教育学诞生的标志。全书主要论述的是管理和教育的一般目的问题，特别指出了培养多方面的兴趣对于促进学生学习的意义。

▲惩罚必须是正确而恰当有效的

黄恩红：赫尔巴特先生，您好！我国的《未成年人保护法》特别强调禁止对学生体罚和变相体罚，但学校经常有一些顽劣的学生，他们不写作业、说脏话、打架……总之就是不读书，老师没办法只好让学生停课，补齐作业才允许进教室上课，您对此有怎样的看法呢？

赫尔巴特：学校要对学生进行管理，我认为当责备教育无济于事时，适当的惩罚是必要的。儿童少年身上有烈性的苗子，这种原始的欲望，比如懒惰等消极的情绪驱使着他，他会出现许多不守秩序的行为。那么这个时候教师必须紧紧而灵巧地抓住管理的缰绳，让教学正常进行。但这种惩罚必须极少地运用在个别人身上或个别时候，从而使学生对惩罚望而生畏。

假如一个轻率的孩子粗鲁地闯进禁阻的圈子，那么必须使他感到他可能引起什么样的损害。假如他产生了破坏的不良倾向，有冒犯别人的行为，那么必须让他感到惭愧，使他受到挫伤，否则将来社会不可避免地同他发生斗争。这乃是教育要做的事。

特别注意的是惩罚的形式、手段、时间要恰到好处。众所周知，剥夺自由是最常用的惩罚手段。这种手段也有多种层次。比如对儿童让他们立墙角，禁止用餐，乃至关禁闭，但这种惩罚不宜时间过久。对中学生让他们写心理反思，找到错误的根结，说出错误的危害，参加体力劳动，自愿为改过付出代价，以至于今后不再犯。

像停课等这种严厉的惩罚只需在极端不得已的情况下应用。

▲监督不如运用权威和爱更有效

黄恩红：您认为老师怎样才能有效地教育管理学生呢？

赫尔巴特：对于儿童，一切管理首先采取的措施应该是威胁。因为威胁带有强制性。学校应规定许多切实而具体的命令和禁则，比如设置惩罚薄，专门记载儿童的过失。但是，由于那些本性倔强的儿童对威胁毫不在乎，什么都不怕，而那些本性脆弱的儿童也体会不到威胁的意义，还是继续照其愿望所指使的那样去做，所以，采用威胁的方法常常不能获得预期的效果。这种情况下，应该采取监督的手段，这是一种管理儿童乃至青少年的必不可少的手段了。

学生的管理必须给予心灵上的帮助，用权威和爱管理是最有效的。教师要通过卓越的智慧获得权威，让孩子乐意服从你，而不是消极服从，当然要以爱为基础。设法让学生感觉到你对他的爱，单独谈话，长时间地抚爱他们，这样会减轻管理的难度。教育者要特别注意自己的表扬和批评的话，不要过于随意，因为你的话可能会令孩子愉悦或沮丧，影响他的情绪，教育者更不可用这种爱随意地支配孩子，那是极其不道德的。教育重要的是思想的教育，教师要与家长配合，因为家庭中父亲是权威，母亲身上又具有天然的温柔的爱的力量，家庭的影响力是巨大的，学校教育必须把家庭教育作为后盾。

教师在教育管理中，经常对孩子提出要求和希望，但有时孩子认为这是一种强制，未必乐意接受。教师平时要以各种人道主义的态度将学生作为人来对待，用充分爱抚的情意将他们作为可爱的孩子对待，做到这样的前提是我们教师必须有具备一切美好与可爱的品质。所以教育过程中，教师的人格魅力很重要，我们不能总是被琐碎的事务束缚，教师要站得高，看得深，在学生出现困难，彷徨无助的时候，帮助他们。让学生感到教师坦诚和稳重的态度。

▲教育要注重孩子多方面兴趣的培养

黄恩红：有人说，中国的教育就是机器零件的培养，学生最终都被刻成了一个模子，也因此中国少了创新型人才，与诺贝尔科学奖无缘。您认为怎样才能培养出创新型人才呢？

赫尔巴特：我认为教育的目的不是培养出统一型人才来，因为人都是有个性的，我们应该尊重个体的差异，注重孩子的兴趣培养。孩子的兴趣是广泛的，凡是新鲜的事物他们都会尝试，所以学校、家庭都不应该把学生禁锢在课本上。学生的活动要丰富多彩，尽可能地让孩子参加各种活动，从中找到他们感兴趣的内容。因为人的发展点不一样，各有所长，有的学生喜爱数理化，有的学生偏爱时事政治，也有的学生有艺术天分，将来他往哪方面发展我们都不确定。即使将来有分工，也不要让人们到了互不了解的程度，大家必须热爱一切工作，每个人必须精通一种工作。这一种工作的精通，也要始于多方面的努力之后。很多东西在你做的过程中，才能找到其中的乐趣。一个人一旦对某事物有了浓厚的兴趣，就会主动去求知、去探索、去实践，并在求知、探索、实践中产生愉快的情绪和体验，我们应重视兴趣在智力开发中的作用。……所以，教育要培养人才，而不只是培养普通劳动者的话，必须找到他们的兴趣，才能发挥他们的潜质。

大师教育智慧：

赫尔巴特论教育

1. 在经常监督的压力之下成长的人们，不能希望他们多才多艺，不能希望他们有创造的能力，不能希望有果敢的精神，不能希望有自信的行为。

2. 教育的唯一工作与全部工作可以总结在这一概念之中——道德。

3. 人类的目的是多方面的，教师所关心的也应该是多方面的。

4. 在教师与学生两人之间，不需要第三者参加，常常在一起成为伟大而精选的伴侣。

5. 教师本身对学生来说，也是经验的一个对象，这个对象是直接的，同样也是丰富的；是的，在教学的时间中他们之间形成一种交际。

6. 兴趣意味着自我活动。兴趣须是多方面的，因此，要求多方面的活动。

7. 美的必要性是原始的、实践的。有道德的个人，为了服从这种必要性，控制他的欲望。

8. 有秩序的健康生活必须是教育的基础，同样也是教育的最初准备。

9. 各种心性的基础是身体的健康。……关心健康是培养性格的一个重要组成部分。

10. 行政制度在教育上也有特别意义,因为每一个学生,没有地位与位置的差别,都必须习惯于参加这种制度,使他可以成为社会中一般有用的人。

(摘选自《普通教育学·教育学讲授纲要》)

北京市石景山区杨庄中学　黄恩红

4. 对话陶行知、苏霍姆林斯基：教师应保持高涨饱满的工作热情

《陶行知教育文集》胡晓风等主编，四川教育出版社2007年出版。

陶行知（1891—1946），中国人民教育家、思想家，伟大的民主主义战士，爱国者，中国人民救国会和中国民主同盟的主要领导人之一。他提出了"生活即教育""社会即学校""教学做合一"三大主张，生活教育理论是陶行知教育思想的理论核心。著作有《中国教育改造》《古庙敲钟录》《斋夫自由谈》《行知书信》《行知诗歌集》。

《给教师的建议》〔苏〕苏霍姆林斯基 著，杜殿坤 编译，教育科学出版社1984年出版。

瓦·阿·苏霍姆林斯基（1918—1970），苏联著名教育实践家和教育理论家。他从17岁即开始投身教育工作，直到逝世，在国内外享有盛誉。出生于乌克兰共和国一个农民家庭。1936至1939年就读于波尔塔瓦师范学院函授部，毕业后取得中学教师证书。1948年起至1970年去世，担任他家乡所在地的一所农村完全中学——帕夫雷什中学的校长。自1957年起，一直是俄罗斯联邦教育科学院通讯院士。1968年起任苏联教育科学院通讯院士。1969年获乌克兰社会主义加盟共和国功勋教师称号，并获两枚列宁勋章、1枚红星勋章、多枚乌申斯基和马卡连柯奖章等。

▲教师为什么会产生职业倦怠

乔廷强：关于教师职业倦怠的话题，历久弥新。有调查结果显示，目前我国有60%多的中小学教师明显感受到职业倦怠的影响，有22.6%的教师已遭受到职业倦怠的严重困扰，许多教师不愿意去学校，不愿意站讲台，总想着下课，总想着放假，总想着退休，总想着离开校园。而且可以肯定的是，随着时代的发展与社会的进步，随着人们教育需求的不断提高，教师所承受的压力也将越来越大，由此而来的职业倦怠情绪也必将日趋严重，甚至发展成为心理疾病。这不仅给教师自己及家人的生活蒙上一层浓重的阴影，而且也严重地影响了学校教育教学工作的有效开展。因此，非常希望能够分享两位大师对于这一问题的思考。

苏霍姆林斯基：三十多年的教育教学经历让我坚信，一位教师唯有保持高涨饱满的工作热情，才有可能给学生以积极向上的影响。

陶行知：非常赞同！至圣先师孔子曾说过："知之者不如好之者，好之者不如乐之者。"乐业对于工作对象是人的教师来说尤为重要。对此，我感受颇深。

乔廷强：是的，我们完全可以想象，一位职业倦怠情绪浓郁的教师，一定不会受到学生们的欢迎，也就不可能完成高品质的教育教学活动！

苏霍姆林斯基：一位教师如果出现职业倦怠心理，就会对自己所从事的工作失去兴趣。同时，教师还会将这种负面情绪传递给学生，结果学生也就会将学习看作是一件单调枯燥的活动。

乔廷强：教师职业倦怠固然有社会层面的原因，比如说，广大民众过高的教育期望和日益加剧的生存竞争压力等，更重要的还在于教师自身层面的原因，特别是后一点，更应当作为我们解决问题的突破口。关于这一点，两位大师有何见解？

陶行知：教师职业倦怠产生的原因之一是不好学。许多教师安于现状，得过且过。因为懒于学习，所以只能天天吆喝同一首曲调，卖的是一成不变的旧货，这样的生活又有什么乐趣可言呢？自然就会感觉到厌烦和疲倦了。

苏霍姆林斯基：另一方面的原因是教师本人不研究。一些教师对于自己在教育教学工作中遇到的困难和问题，视而不见，听之任之，对事实和现象背后的深层原因缺乏深入分析，也就无法找到一种切实有效的解决方法，这样一来，所有的工作在他看来就是枯燥乏味的，也就必然失掉了兴趣。

乔廷强：教师不好学、不研究的根本原因，在于他们没有认识到自己的工作对象是个性多样、情感丰富、日渐成熟的人，由于他们对学生缺少一种发自内心的关心和爱护，没有认识到自己所从事的工作既要立足于当下，又要着眼于未来，缺乏高度的职业责任感和历史使命感。

教师不好学、不研究带来的后果，便是他（她）日复一日、年复一年地重复着单调的工作，自然也就毫无创造性可言。既无创造的灵感，也无创造的源泉，更不会创造的方法，也就无法享受到创造的乐趣，浑浑噩噩，不思进取，应付工作，这样的工作又怎么能够不令人感到厌恶呢？于是，倦怠情绪也就充满了教师的职业生活。

▲怎样消除教师的职业倦怠

乔廷强： 既然两位大师都密切关注过这个问题，做过深刻的思考，想来也一定找到解决的方法了吧？

苏霍姆林斯基： 简单地说，就是要研究。

陶行知： 呵呵，也是三个字，就是……

乔廷强： 要学习！那么，在两位大师看来，作为教师就应当做到学而不厌，坚持研究。这就是消除教师职业倦怠的两大法宝了。也只有这样，教师才会把单调平凡的工作做出新意来，才会感到似乎每一天都是第一次上课的日子。由此而带来的非但不是教师职业的枯燥与倦怠，反而是一种乐趣和内在的幸福了。

陶行知： 学而不厌，诲人不倦。就是说，唯独学而不厌的人，才可以诲人不倦。做教师的人要想把岗位站得长久，就必须一面教，一面学，教到老，学到老。那么他就一定会越教越要学，越学越快乐。

乔廷强： 时代的列车已将我们带入了学习社会。实际上，"学到老"不仅是当下社会对教师，也是对其他所有人提出的新的要求。那么，作为一位教师，应当学习哪些内容？还请大师能给以具体的说明。

陶行知： 具体说来，教师应当学习下列内容：社会科学，如政治问题、经济问题以及世界史、本国史必须弄清楚；教育本身的理论与技术，必须做到精益求精；本人所任教的学科的专业知识必须做到了然于胸；程度较高者，宜从事专题研究，能够在一个专题上继续不断探讨，到本题解决或有系统详尽之报告才告一段落；相关部门组织的各种专业培训等。

乔廷强：的确如此！丰厚的学识修养和精深的专业知识，是教师从事教育教学工作的行动指南和强大的智力支持。

那么，请问两位大师，关于教师学习这一话题还有哪些建议呢？或者说，能再从其他角度来阐述一下这个问题吗？

陶行知：我们可以从教师的学习对象的不同来进一步谈论这个问题。作为一位教师，首先要做到向学生学习。不愿向学生学习的人，是不配做教师的。一位教师，如果不懂得学生的心理，不了解学生的问题，不明白学生的困难，不清楚学生的愿望，不熟悉学生的脾气，又怎么能够来对他们进行教育呢？

乔廷强：向学生学习，实际上就是要求教师真正了解每一位学生，关心爱护每一位学生，走进每一位学生的内心世界。

苏霍姆林斯基：是这样的。另外，教师还要自觉向同事学习。需要注意的是，向同事学习，实际上是学习一种思想，取得一种信念。因为在教育工作中，没有一种结果是单靠某一项措施就能取得的。或者说，只要如此这般去做，就一定会得到这样或那样的结果。每一种成绩的取得，往往都是由于上十种、上百种乍看起来跟所研究、观察、探索的对象相距很远的，没有直接联系的因素决定的。因此，要把别人的经验学到手，这意味着首先要清楚一件事取决于哪些条件。否则，既不可能理解也不可能学到别人的经验。也就是说，学习优秀经验，并不是把个别的方法和方式机械地搬用到自己的工作中去，而是要移植其中的思想，取得某种信念。这是一件很复杂的事，是一种创造。

就拿学生的练习本来说吧，学生的练习本是一位教师全部教育工作的一面镜子，练习本里包含着这位教师全部教育过程的成果。文章写得好与坏，一方面取决于儿童的阅读生活质量，另一方面也取决于他们的阅读数量。

乔廷强：就是说，一位教师如果能够深入思考优秀教师的经验，将会帮助自己弄清楚，在实际工作中要取得某种成果都取决于哪些因素。

苏霍姆林斯基：应当是这样的。另外，教师还应当向自己学习。所谓向自己学习，也就是进行自我反思，不断地深入研究自我。在我看来，一位教师要提高自己的教育技巧，要提高自己劳动的素养，就要主动进行自我进修，这需要个人付出努力，尤其要注重提高自己的思想素养。对于一位教师来说，如果没有个人的思考，没有对自己的劳动寻根究底的研究精神，那么任何提高教学法的工作都是不可思议的。

作为一位年轻的教师，如果你对年长教师的经验研究和观察得越多，你就会越加感觉到自我观察、自我分析、自我进修和自我教育的重要。也只有在自我观察、自我分析的基础上，你才会逐步形成自己的教育思想。

个人自我进修的重要途径之一就是撰写教育随笔，或者说是教育日记，这样做有助于集中思想，能够对某一个问题进行深入思考。我建议每一位教师都来写教育日记，要将这项工作贯穿在自己的日常工作当中，凡是那些引起你的注意的，甚至引起你一些模糊的猜想的每一个事实，你都要把它记录下来，这些记录将成为你思考和创造的源泉。将来必然会有那么一个时刻，你会从这些记录当中，看到共性的东西，那个长久躲闪着你的真理的实质，会突然在你面前打开。

乔廷强：对于教师来说，这才是真正意义上的研究，每一位教师都可以也应当进行这样的研究。

苏霍姆林斯基：是的，这样的研究，能够使教师从容行走在教育这片广阔的天地里。教师研究的意义，在于能够从容应对，甚至有效避免各种教学突发事件。要知道，学校里经常会有多少这样的意外情况在发生，它们又在怎样破坏着教学和教育工作的正常进行啊！

学校领导，特别是校长有责任引导教师从事这样的研究。如果校长通过自己的努力而引导学校里的每一位教师都从事这样的研究工作，那么教师的劳动就能够给他们一些乐趣，天天上课也就不致变成一种单调乏味的义务，教师们也就从此走上了一条幸福的道路。

乔廷强：这将是一幅多么美好的教师职业生活图景啊！

陶行知： 是的。

苏霍姆林斯基： 教师应当享有这样的职业生活。教师在进行研究之前，首先要善于发现问题。作为教师，要善于从平凡的、极其平凡的、司空见惯的事物中看出新的方面，新的特征，新的细节，这也是教师创造性劳动的一个重要方面。

乔廷强： 就是说教材、学生、教学语言、教学设计等这些教师日常所面对的一切事物和现象，都可以成为深入研究的对象。

陶行知： 是这样的。发现了问题之后，还应当注意研究方法。关于这一点，杜威先生给我们作出了非常明确的指示：一是要有困难之感觉，二是审定困难之所在，三是设法解决，四是在多种方法中选一种最有效的试试看，五是屡试屡验之后再下结论。

乔廷强： 这是一个完整的提出问题、分析问题与解决问题的过程，教师经历了这样的过程，必将极大地提升自身的研究能力。

陶行知： 更重要的是，能够体会到自己所从事的工作带来的乐趣。

苏霍姆林斯基： 职业的幸福感也就会与日俱增了。

📖 大师教育智慧：

陶行知论教育

1. 有些人做了几年教师便有倦意，原因固然很多，但主要的还是因为不好学，天天开留声机，唱旧片子，所以难免觉得疲倦起来。

2. 农不重师，则农必破产；工不重师，则工必粗陋；国民不重师，则国必不能富强；人类不重师，则世界不得太平。

3. 先生不应该专教书，他的责任是教人做人；学生不应该专读书，他的责任是学习人生之道。

4. 在教师手里操着幼年人的命运，便操着民族和人类的命运。

5. 因为道德是做人的根本。根本一坏，纵然使你有一些学问和本领，也无甚用处。

6. 教师的职务是"千教万教，教人求真"；学生的职务是"千学万学，学做真人"。

7. 智仁勇三者是中国重要的精神遗产，过去它被认为"天下之达德"，今天依然不失为个人完满发展之重要指标。

8. 你的教鞭下有瓦特，你的冷眼里有牛顿，你的讥笑中有爱迪生。你别忙着把他们赶跑。你可不要等到坐火轮、点电灯、学微积分，才认识他们是你当年的小学生。

9. 要想学生好学，必须先生好学。惟有学而不厌的先生才能教出学而不厌的学生。

10. 要学生做的事，教职员躬亲共做；要学生学的知识，教职员躬亲共学；要学生守的规则，教职员躬亲共守。

苏霍姆林斯基论教育

1. 如果你想让教师的劳动能够给教师一些乐趣，使天天上课不致变成一种单调乏味的义务，那你就应当引导每一位教师走上从事一些研究的这条幸福的道路上来。

2. 没有教不好的学生，只有不会教的教师。

3. 如果教师的聪明才智"深化"到培养每个学生"创造性的能力"上来，如果教师所讲的话善于激励学生投入创造性的能力的竞赛，那末，学校里将不会有一个平庸的学生，理所当然地，生活中也将不会有一个不幸的人。

4. 在学龄初期，教师对儿童来说，是打开事物和现象的世界的人，而在少年时期，教师就是打开思想的世界的人。

5. 教师集体是一个志同道合者的创造性友好集团，这个集团中每个人都为集体的创造转嫁出他的个人贡献；每个人借助于集体的创造在精神上得到充实，同时他又使他的同事们在精神上充实起来。

6. 每一位教师不仅是教书者，而且是教育者。由于教师和学生集体在精神上的一致性，教学过程不是单单归结为传授知识，而是表现为多方面的关系。共同的、智力的、道德的、审美的、社会和政治的兴趣把我们教师中的每一个人都跟学生结合在一起。

7. 请你记住,你不仅是自己学科的教员,而且是学生的教育者、生活的导师和道德的引路人。

8. 一个精神丰富、道德高尚、智力突出的教师,才能尊重和陶冶自己的学生的个性,而一个无任何个性特色的教师,他培养的学生也不会有任何特色,他只能造成精神的贫乏。

9. 一个好教师意味着什么?首先意味着他是这样的人,他热爱孩子,感到跟孩子交往是一种乐趣,相信每个孩子都能成为一个好人,善于跟他们交朋友,关心孩子的快乐和悲伤,了解孩子的心灵,时刻都不忘记自己也曾是个孩子。

(摘选自《陶行知教育文集》《给教师的建议》)

山东省荣成市实验小学 乔廷强

5. 对话苏霍姆林斯基：美蕴藏着强大的教育力量

《给教师的建议》〔苏〕苏霍姆林斯基 著，杜殿坤 编译，教育科学出版社1984年出版。

瓦·阿·苏霍姆林斯基（1918—1970），苏联著名教育实践家和教育理论家。他从17岁即开始投身教育工作，直到逝世，在国内外享有盛誉。出生于乌克兰共和国一个农民家庭。1936至1939年就读于波尔塔瓦师范学院函授部，毕业后取得中学教师证书。1948年起至1970去世，担任他家乡所在地的一所农村完全中学——帕夫雷什中学的校长。自1957年起，一直是俄罗斯联邦教育科学院通讯院士。1968年起任苏联教育科学院通讯院士。1969年获乌克兰社会主义加盟共和国功勋教师称号，并获两枚列宁勋章、1枚红星勋章、多枚乌申斯基和马卡连柯奖章等。

▲教育家办学就是让懂教育的人来管理学校

毕道玉：您是一名从基层成长起来的教育专家，曾经把家乡一所普通的中学——帕夫雷什中学改造成人人向往的教育圣地。我国也提倡"让教育家办学"，您能说说普通校长怎样才能成长为一名教育家吗？

苏霍姆林斯基：教育家办学的实质就是让"懂教育的人来管理学校"。至于教育家，人人可为，校校可有。教育家一般都会具备以下品质：

首先，有正确的办学理念。现在很多学校办学光喊华丽的口号，缺乏本质内容。我坚持认为："为每一个人培养起善良、诚挚、同情心、助人精神及对一切有生之物和美好事物的关切之情等品质，是学校教育的基本的目标。学校教育就要由此入手。"作为校长，要把握"学校的首要的任务是培养人""学校最重要的教育任务之一是培养起码的人性"这些基本原则，不要哗众取宠，搞花架子。

其次，有深厚的品格修养。校长一要树立终身学习的思想，培养终身学习的良好习惯；二要有虚怀若谷的胸怀，包容他人和不同的教育思想；三要增强民主意识。许多教育智慧源于教师，教师在教育实践中，会碰撞出闪光的智慧火花，这些闪光的智慧可以生成校长的大教育智慧。

有坚守的底气和决心。十年树木，百年树人。搞教育要沉得下心，只有坚守，才能出成果。比如，在帕夫雷什中学，我对学生的管理主要是抓住开发智力、培养能力这个"主要杠杆"。为此，我和我的同事们花了十几年的时间，结合语文教学，摸索出一套符合教学过程逻辑的，旨在培养和提高学生能力的"基本技能体系"听、说、读、写12项基本功。

我的成功例子就是一种诠释，教育者一定要扎根基层，多接地气，这样才有可能成长为教育家。

▲永远不能扑灭儿童心中要成为一个好人的火花

问：中国教育部最近就《中小学教师违反职业道德行为处理办法》征求意见。被誉为"教师的教师"的您，对此有什么看法？

苏霍姆林斯基：这个征求意见的内容很好。"真正的教育能手，对学生也是有督促、有强制、有逼迫的，但是在做这一切的时候，永远不要去扑灭儿童心中那一点宝贵的火花——要成为一个好人的愿望。"教师的师德在其中体现着重要作用。

教师是教育的主体，作为教育的直接供给者是与学生接触最多的人。这就要求教师要对学生的行为做一个正确的引导，使之成为一个对社会有用的人。教师对学生的态度起着极其重要的作用，教师的职能不仅仅是传授知识，更重要的是跟学生进行心灵的接触，教师只有了解尊重孩子的尊严感，孩子才能主动走近教师，并通过学习而受到教育，培养出孩子们的欢乐和善心。只要你从事教育事业，就始终要去了解、尊重学生的内心感受，深度挖掘学生的内心发展状况，充分尊重每个个体的感受，并在此基础上进行教育活动。而不能做出违反科学规律，有损教师形象的事情，扼杀儿童心中对美好的憧憬。

▲没有美的教育，就不可能有完整的教育

毕道玉：您是美育的积极倡导者，最近中国党的十八届三中全会作出的《中共中央关于全面深化改革若干重大问题的决定》对"深化教育领域综合改革"进行了战略部署，其中明确要求"改进美育教学，提高学生审美和人文素养"。您对此有何看法？

苏霍姆林斯基：美是道德纯洁、精神丰富和体魄健全的有力源泉。美蕴藏着强大的教育力量。在我的《怎样培养真正的人》一书中，我就提出过："没有美的教育，就不可能有完整的教育。……我认为很重要的一条，就是教会孩子去观察美，同时去思考美和人的高尚品格。"所谓美育，是指通过培养人们认识美、体验美、感受美、欣赏美和创造美的能力，使受教育者具有美的理想、美的情操、美的品格和美的素养。在青少年整个受教育的过程中，必须抓紧美育的实施。

美育的主要任务是培养学生感受美、鉴赏美、创造美的能力。

首先我们的教育者要避免一个误区，美育不等同于艺术教育。美育不是一项单一的教育，不是简单地教会孩子绘画、弹琴、舞蹈的艺术项目，更重要的是对孩子启智的过程，引导孩子寻找美、发现美，把美渗透到孩子的内心世界里，才算是真正成功的美育教学。

其次，进行美育的途径和手段要丰富。如通过学科渗透领悟美，通过观赏大自然感受美，通过文学艺术作品鉴赏美，通过动手劳动创造美等，美育的教育是时时、处处存在着的。有时，美育任务的完成也要依靠智育、体育、劳动教育的相互配合。智育、体育等就像人体的骨骼，而美育好比肌肉的血液，可以让人变得丰润饱满、富有感情。

此外，我们的学校还应重视校园文化环境的建设。一个拥有浓厚的文化和艺术氛围的校园能潜移默化地影响一个人的情感、趣味、品质和气质。

📖 大师教育智慧：

苏霍姆林斯基论教育

1. 如果我们说，教师的工作就是传授知识，那么，在我看来，这项复杂而尚未研究透彻的工作的实质，就是使人亲眼看到知识使他得以升华，激发了为人的自豪感，使之迸发出智慧的火花，激励他为正义思想的胜利而奋斗。

2. 没有美的教育，就不可能有完整的教育。……我认为很重要的一条，就是教会孩子去观察美，同时去思考美和人的高尚品格。

3. 我们的任务就在于，要在每一个未来的物质生产的劳动者身上，培养出一种对认知、文化和美的永不止息的向往。

4. 为每一个人培养起善良、诚挚、同情心、助人精神及对一切有生之物和美好事物的关切之情等品质，是学校教育的基本的起码目标。学校教育就要由此入手。

（摘选自《给教师的建议》）

江苏省句容市天王中学　毕道玉

6. 对话苏霍姆林斯基：教师应把教育转化为学生的自我教育

《苏霍姆林斯基选集》（五卷本）第1卷，蔡汀 王义高 祖晶 译，教育科学出版社2001年出版。

瓦·阿·苏霍姆林斯基（1918—1970），苏联著名教育实践家和教育理论家。他从17岁即开始投身教育工作，直到逝世，在国内外享有盛誉。出生于乌克兰共和国一个农民家庭。1936至1939年就读于波尔塔瓦师范学院函授部，毕业后取得中学教师证书。1948年起至1970去世，担任他家乡所在地的一所农村完全中学——帕夫雷什中学的校长。自1957年起，一直是俄罗斯联邦教育科学院通讯院士。1968年起任苏联教育科学院通讯院士。1969年获乌克兰社会主义加盟共和国功勋教师称号，并获两枚列宁勋章、1枚红星勋章、多枚乌申斯基和马卡连柯奖章等。

▲没有学习信心，学习兴趣何在？

李茂春： 2013年4月3日，习近平总书记问小学生是否学奥数，答：学了，但没有什么用处。此现象一时间在网络上、现实生活中引发激烈讨论，请问您对此现象怎样看？

苏霍姆林斯基： 从该生的回答可以看出，有些学生确实对学习奥数是没有一点兴趣而言，甚至有点被教育、被学习的现象。以生为本要尊重学生的选择权，发挥学生学习的主动性和主体性。如果在学生的意识里事先没有一些跟教材"挂起钩来"的思想，那么，你就无论如何也无法控制住他的注意力。你们要知道，学生的注意力取决于他事先知道的一系列常识，有了这些常识，他就会把毫无兴趣的教材看成很有趣的教材，必须使学生意识里有一点"思维的引火线"，也就是说，在所讲的学科中，应当使学生有某些已知的东西。在感知教材中，学生的思考越积极，他学起来就越轻松。反之，如果学生没有学习的积极要求，教师越是把注意局限在知识上，学生对自己学习上的成绩就越冷淡，学习愿望就越低落。

李茂春： 现在有很多实例证明，认真学过奥数的学生，对于学校的数学学习是非常轻松的，而且到中学的时候，至少在理科方面，那绝对是游刃有余的。那么，学习奥数是否不能一票否决呢？

苏霍姆林斯基： 是的。学奥数本身并没有错，错的是大家都去学。奥数其实是适合尖子学生读的，不应该被大面积铺开，否则只会加重学生的负担。国际奥林匹克数学竞赛的目的是：发现鼓励世界上具有数学天分的青少年，为各国进行科学教育交流创造条件，增进各国师生间的友好关系。这就是说，学习奥数也许只适合少数有数学天分的学生。在教育教学过程中，一定要坚持因人而异、因材施教的方法。对于有些对数学学科有兴趣、有天赋、有志向的学生，要为他们提供训练思维、锻炼才华的机会。

在人的心灵深处，都有一种根深蒂固的需要，这就是希望感到自己是一个发现者、研究者。而在儿童的精神世界中，这种需要则特别强烈。奥数的趣味性正好满足了学生的这种需要。在新奇有趣的知识和巧妙奇特的解题方法面前，同学们被数学所展示的神奇智慧与艺术般的魅力所吸引，探索、求知的欲望被最大限度地调动起来。

数学能力是学生超出各科知识之前首先表现出来的能力，并极具发展潜力，奥数为他们提供了一个施展才能的舞台，使得他们不拘泥于课本，突破思维定势，敢于创新，养成良好的思考问题的习惯，把数学发展潜力转化为现实的数学能力。要给每个学生提供最适合的教育。我认为这才是最好的教育，才是最公平的教育。

▲学生自我教育的教育，才是我们教育的目的

李茂春：2013年2月28日发生在安徽涡阳县花沟镇晨曦小学，为了防止学生在月考时作弊，竟让学生到室外考试。部分学生要么趴在地上，要么席地而坐参加考试。学校这样做的目的也许是想看到学生真实的成绩，有利于对学生查漏补缺。但这样做貌似体罚学生，让人看了很寒心。作为学校、教师也真是骑虎难下。您对此问题有何高招？

苏霍姆林斯基：你们所说的，其实就是师生之间出现了信任危机，社会、学校和家庭教育都出现误差。我这里只谈学校教育。在教育教学活动中，教师在教给学生丰富知识的同时，要努力加强自己的道德修养，以高尚的人格魅力来感染和影响学生的成长。让学生看到老师身上的高尚的典范。用爱心和忘我工作的精神深深地感染和鼓舞学生，让学生对教师深怀爱戴、敬仰和激动之心，特别是让学生意识到要通过自己的努力学习来获取知识，偷看别人的试卷是一种可耻的行为。

过于依赖强制手段管理监控学生，是有违人文管理的本末倒置的做法。像你刚才所列举的为了防止学生在月考时作弊，竟让学生到室外考试。部分学生要么趴在地上，要么席地而坐参加考试。这是严重的变相体罚学生的行为，是一种伤害学生自尊心、侮辱学生人格的表现形式。放任自流的教育和抓住不放的教育，都不能算真正的教育。真正的教育是启发寻求自我教育的教育。教师只有把教育转化为学生的一种自我教育，才能

真正发挥作用。教育的真正目标是幸福，而不是打击惩戒人。很多实例显示出，任何外在的教育力量和因素，只有内化为学生的自觉需要才能真正有效，任何教育过程在本质上都是客观因素向主观因素转化的过程。

李茂春：在您的选集里面曾经写道：阿丽先科测验学生时，可以一连两个小时不在教室里，但是根本不会发生互相抄袭的现象。那么，我们现在要想做到这一点，该如何进行教育？

苏霍姆林斯基：无人监考，测验的是学生的诚心与自我教育的毅力。要做到这一点，教师的榜样作用和个人威信是至关重要的。那么，教师的威信是教师的智慧和心灵的结晶，是使集体树立尊重自己的理想、原则和信念的能力。只有教师的言行和谐一致，才能使教师树立起威信。教师的活动（指成为学生榜样的活动）是建立在自己威信的基础之上的。

▲劳动教育不可缺

李茂春：如今，某些高校学生出现投毒、刺杀事件，令人震惊。那些风华正茂的天之骄子瞬间失去生命，引来大家无尽的叹息。这一系列的年轻有为的高材生，都是因一些小事、琐碎事情就投毒杀人，毁人生命，自毁前程，我们不禁要问，我们的天之骄子怎么啦？！我们的学生怎么啦？！我们的教育怎么啦？！请问大师，您觉得这些问题的症结到底在哪里？

苏霍姆林斯基：对于你刚才说的不幸的事件，我深表痛心。导致这些大学生心理健康问题严峻的根源是缺少劳动教育。这里所说的劳动教育目的是思想教育目的，即通过劳动丰富人的精神生活，提高人的道德素养，完善审美情操，培养创造性的劳动态度，使劳动成为人生乐趣的源泉。我们让学生参与劳动，这种劳动应该是带有教育性质的实践活动，不仅是为了培养集体主义精神，更重要的是为了发展智力水平，有助于学生有效地解决现实中的生活问题、实践问题等。

在你们国家里，大多数孩子从小学甚至幼儿园就开始了"五加二、白加黑"式的全天候苦学，在漫长的中小学岁月里，他们实际上只做了一件事——学习。从心理学上说，一个人若长期处于封闭式地专注于某一事物，则易产生对事物的非正常认识。处在中小学时期，或许表现得并不明显，等到集体生活、需要独立与人相处的大学时期，会充分暴露出来。缺乏基本的社会交际及处事能力，缺乏宽容、中庸心态，心理脆弱、感情冷漠，经不起摔打，遇事爱钻牛角尖等极端事件现象就会时有发生。

李茂春：您所说的劳动教育和集体主义的奉献精神，让我想起我读中小学时期，每星期一个半天的劳动课，全校师生大多数时间都是到自己班级的责任田劳动。有时候整理学校大操场。如今是科学技术突飞猛进的时代，再让孩子扛着锄头去劳动是不是有点过时啊？有的学校和老师认为，孩子到学校是来读书学知识的，学习这么紧张，学生参加劳动挤占了学习时间，这是不务正业。

苏霍姆林斯基：通过劳动教育能促进德、智、美、体全面发展，能展示、显露、发展个人的天赋才能。学生只有通过亲身劳动，才能养成真正热爱劳动和尊重劳动人民的品质。只有亲身参加劳动并经受相当大的困难，才能养成学生的善良心地。只有通过有汗水、有老茧、有疲乏的劳动，人的心地才会变得敏感、温柔，也只有通过这种劳动，人才会以热忱的心去对待周围事物，才具有用心灵去认识周围世界的能力。

劳动教育培养出来的并不只是一味讲求奉献而没有个人发展的机器，劳动教育培养出来的道德品质同样适用于实用主义泛滥的今天。现在的社会中经济利益为重的气息过重，奉献精神越来越弥足珍贵，通过劳动教育培养孩子对奉献社会的认同感正是我们所急需的。集体主义的奉献精神是不会过时的，因为人类属于一种群居动物，团结协作是与生俱来并且伴随左右的秉性，只有贡献集体才能满足个人。强调个人发展的前提是社会能够良性运转，无论在怎样的指导思想下这都是毋庸置疑的，这也就是我们强调奉献的最直白的依据。学生有了良好的集体主义观念，学生之间才能互相了解、互相信任，遇到问题才能换位思考。同学之间就算是有了矛盾和冲突，他也能够在集体当中调和，如果只是单一的两个个体，极端事件出现的概率就增加了。

李茂春：是的。目前这种重智轻德的社会价值取向与丰富的物质生活以及独生子女教养观念落后等原因，使得现在的青少年表现出明显的道德缺陷。每当我们看见学生空手走路、家长扛箱提袋，孩子衣来伸手、饭来张口的情景时，作为教师，感慨油然而生：教学生树立劳动最光荣、劳动最崇高、劳动最伟大、劳动最美丽的观念，舍我其谁？

📖 大师教育智慧：

苏霍姆林斯基论教育

1. 培养全面发展的、和谐的个性的过程就在于：教育者在关心人的每一个方面、特征的完善的同时，任何时候也不要忽略人的所有各个方面和特征的和谐，都是由某种主要的，首要的东西所决定的。……在这个和谐里起决定作用的、主导的成分是道德。

2. 学校教育的理想是培养全面和谐发展的人，社会进步的积极参与者。全面和谐的发展意味着劳动与人在各类活动中的丰富精神的统一，意味着人在品行上以及同他人相互关系上的道德纯洁，意味着体魄的完美、审美需求和趣味的丰富及社会和个人兴趣的多样。能力与需求的协调赋予人的充实的精神生活，可以使他体会和感受其中的幸福。

3. 我要关注的是，让我所培育的每一个孩子都成长为会思考、会探索的有智慧的人，让认识过程的每一步都使心灵变得更高尚，使意志锻炼得更坚强。

4. 我们认为教育工作的目的在于，使每个青年男女都能在道德上、智力上、实际能力上和心理上作好劳动的准备，发展他们的个人素质、意向和能力。

5. 关心儿童的健康，是教育者最重要的工作。儿童的精神生活、世界观、智力发展、知识的巩固性、对自己力量的信心，都取决于他的生命的活力和精力充沛的程度。

6. 从儿童进学校的第一天起，就要善于看到并不断巩固和发展他们身上所有的好的东西。

7. 生活渐渐地做出了结论：只要整个学校、全体教师和全体学生作出努力，首先是教师努力教育，没有也不会有一个学生不能成为诚实正直、热爱劳动、坚强勇敢、无限忠于祖国和劳动人民的人。

8. 我校教师集体认为，最重要的教育任务之一就是要使学校成为培养学生的公民精神、劳动态度以及思想和道德——审美态度的第一个场所。如何在孩子这个未来的公民头脑里培养起一个公民、一个劳动者、一个共产主义建设者的牢固思想核心，这是我们在教育工作过程中进行自我检查的最重要的准则和主要尺度。

9. 学校丰富多彩的文明的精神生活，乃是促进儿童全面发展、具有各种综合机能的温床。

10. 我们的职责是：全面地发展每个学生的个性，发现他的禀赋，形成对艺术创作的才能，以便使他享有一种多方面的完满的精神生活。

（摘选自《苏霍姆林斯基选集》）

浙江省瑞安市莘塍第二中学　李茂春

7. 对话怀特海：教育应该充满生活与活力

《教育的目的》〔英〕怀特海 著，徐汝舟 译，生活·读书·新知三联书店2014年出版。

艾尔弗雷德·诺思·怀特海（Alfred North Whitehead，1861—1947）英国数学家、哲学家、教育家。他与罗素合著的《数学原理》标志着人类逻辑思维的空前进步，被称为永久的伟大学术著作之一。《教育的目的》是他的教育代表作。他深刻的教育思想也得到了广泛承认。他主张教育应该充满生活与活力，反对灌输式教育，而应引导学生自我发展；他强调古典文学艺术在学生智力发展和人格培养中的重要性，倡导使受教育者在科学和人文方面全面发展；他还重视审美在道德教育中的意义，认为受教育者"如果不能经常目睹伟大崇高，道德教育便无从谈起"。怀特海的教育思想对今天提倡的"素质教育"有很大的参考与指导价值。

▲纯粹的知识教育要不得

吴　奇：素质教育一直是我们积极倡导的，但事实上，从中小学一直到大学，知识教育（应试教育）依然占统治地位。对此，您有何评论？

怀特海：我是极力反对这样的知识教育。完整而健全的教育不应当只是一种知识教育，而应当是一种包括知识在内的文化教育。从这个意义上说，知识教育有三大弊端：将僵硬的知识作为教育的唯一内容、教育过程非人性化、学习过程变机械化和格式化。这样就从根本上切断了知识与相应文化、教书与育人、读书与做人之间的内在联系，教育效果大打折扣。

教育应该是一种充满文化精神、浸透了浓厚文化气息的专业知识教育，这种教育是与纯粹的知识教育根本不同的，它是知识教育的延伸、拓展和升华，目的是要使知识回归其文化，使教育回归其本性，从而让知识教育更加人性化并更加富有成效。要让学生受到包括各种知识在内的整个人类文化的熏陶，成为真正意义上的全面发展的人。

▲知识更需要灵活运用

吴　奇：据一则报道说，我们国家自1977年恢复高考制度以来的历届各省高考"状元"，在国内做出突出成就的几乎没有；学生出国后，学习考试成绩都比较高，但做出创造性贡献的却很少。就这一现象请您给作一评判。

怀特海：这也许就是你们著名的"钱学森之问"所要寻找的答案吧。我个人认为缺乏创新能力是根本原因。教育活动需要知识，但更需要对知识进行灵活运用，激发出新的创新成果。要使知识充满活力，不能使知识僵化，而这是一切教育的核心问题。

吴　奇：对于多数教育者和受教育者来说，在知识和智慧、知识和能力的关系上，人们总是把前者看得重于后者。这是为什么呢？

怀特海：我认为主要原因是人们对"知识"的理解还不全面透彻，对知识与智慧、知识与能力的关系还没有准确定位。

教育的全部目的就是使人具有活跃的智慧。教育是教人掌握如何运用知识的艺术，这是一种很难传授的艺术。所以说，单纯传授知识并不是教育的目标。知识本身也并不是学习的第一目标，而获取知识的方法才是。

空泛无益的知识是微不足道的，不能加以利用的知识是有害的。只有那些能够和人类的感知、情感、欲望、希望，以及能够调节思想的精神活动联系起来的知识，才是有价值的。知识的重要意义在于它的应用，在于人们对它的积极掌握，即存在于智慧之中。知识的价值完全取决于谁掌握知识以及他用知识做什么。要努力使这些知识对现实有即时的重要意义，就像刚从大海里捞出来的鱼一样新鲜地呈现在学生的面前。

从某种意义上说，随着智慧的增长，知识将减少。

我非常希望你们铭记于心的是，虽然智力教育的一个主要目的是传授知识，但智力教育还有另一个要素，比较模糊却更加伟大，因而也具有更重要的意义：古人称之为"智慧"。你不掌握某些基本知识就不可能聪明，但你可以很容易地获得知识却仍然没有智慧。

▲结果只能是扼杀

吴　奇：考试本应是学校进行教学评价的常规手段，过去每学期只有两次，期中和期末。可不知从何时起，考试成了"非常规"手段，次数增多，频率加快，毕业班更是"题海＋考试"，似乎是没有考试就没有教学，人为把考试推向极致。对这种现象您怎么看？

怀特海：我反对教学中指向不明的大量考试，我尤其反对脱离学校具体需要的校外统一考试。这样的考试会给学生带来毁灭的痛苦，除了造成教育上的浪费以外，不可能有任何结果，只能是"扼杀文化的精华"。那些沉迷于考试和分数排队（学生排队、教师排队、学校排队），反复组织统考、不断印制试题的人们，是否求实地细想一下，这种工作的实际意义到底有多大呢？

▲借助树木认识森林

吴　奇：在教学生涯中，我逐渐感觉学科之间存在着壁垒，各自为政，大搞独立王国。其实，学科之间一定有共同联系的，就像五指和手掌的关系，我们大多老师只关注手指"独树一帜"而忽略手掌。对这个问题，您能给我们谈一谈吗？

怀特海：我极力主张的解决方法是，要根除各科目之间那种致命的分离状况，因为它扼杀了现代课程的生命力。

我反对统一的、刻板的、把各门科学割裂的教育体制和教学方法。教育需要解决的问题是使学生通过树木看见森林，而不能"见木不见林"。教育只有一个主题，那就是五彩缤纷的生活。各门学科的知识是相互贯通的、相互联系甚至相互融合的，在学习中不存在一种课程仅仅传授普通的文化知识，而另一种课程传授特殊的专业知识。各门科学的方法具有通用性，要通过教育使学生掌握一般的思维方法、思维艺术，并能把这种方法的通用性创造性地运用于特定学科。

▲走自我发展之路

吴　奇：培养什么样的人，不同历史时期、不同国家和民族有不同的衡量标准。但在教育的目的中，仍存在着人类共同追求的东西。您认为这个"东西"指什么？

怀特海：这个"东西"是指创造精神。学生是有血有肉的人，教育的目的是激发和引导他们的自我发展之路。当我们将目标定位为"人的自我发展"，那么在学习伊始，孩子就应该感受到发现世界的喜悦。当学生成为"既能很好地掌握某些知识，又能出色地做某些事情"这样的人时，智慧就会产生；当学生成为"具有人文精神和审美能力"这样的人时，创造就有了丰厚的土壤。

▲必须重视的两条戒律

吴　奇：在新课改中，我们发现课程太多，虽说多元但也带来一定的负作用。现在的学生，所学科目之多，让人瞠目结舌，导致学生学习过程就像蜻蜓点水，其结果只能大致了解一些皮毛。您怎么看这种现象？

怀特海： 我们一定要重视教育的两条戒律：不可同时教授太多的科目和所教的科目必须透彻。同时教授大量的科目，每个科目都只能够蜻蜓点水，只能造成许多不相干的知识的被动接受，不能激起任何思想的火花。你们当下的教育，其实就存在这样的问题，从学生的全面发展出发，设置了大量的学科，让学生同时来学习，但因为时间有限，每门学科一周只有2~3个课时。你们的目的是好的，但却很少去思考：你设置的这些科目，也仅仅是浩瀚的文化宝库中的一丁点内容，本身就是不全面的。教育改革不应只增加科目啊！

📖 大师教育智慧：

怀特海论教育

1. 教育就是获得运用知识的艺术，这是一种很难传授的艺术。

2. 教育的艺术和教育的科学要求有它们自己的天才，进行它们自己的研究；而这种天才和这种科学要比某一科学或文学的分支的单纯知识多得多。

3. 大学提供信息，但它是富于想象力地提供信息。

4. 虽然智力教育的一个主要目的是传授知识，但智力教育还有另一个要素，比较模糊却更加伟大，因而也具有更重要的意义：古人称之为"智慧"。你不掌握某些知识就不可能聪明，但你可以很容易地获得知识却仍然没有智慧。

（摘选自《教育的目的》）

天津市天津中学　吴　奇

教与学篇

"告诉我，我会忘记；给我看，我会记住；让我参与，我才会明白。"关于教与学，一定要立足生活，贴近生活，并让学生参与其中，使他们在学后还能将升华后的行为回归到生活中去。

新课程强调，教学是教与学的交往互动，是师生双方互相交流、相互沟通、相互启发、相互补充的过程。在这个过程中教师与学生分享彼此的思考经验和知识，交流彼此的情感，丰富教学内容，求得新发现，从而达到共识、共享、共进、实现教学相长和共同发展的目的。对教学而言，交往意味着参与、平等对话、合作性意义建构，它不仅是一种认识活动过程，更是一种人与人之间平等的精神交流。

有观点认为，对学生而言，交往意味着主体性的凸显，个性的表现，创造性的解放；对教师而言，交往意味着不仅是传授知识，而且是一起分享理解，促进学习的过程。

"教学就是教学生生活和生存""对话是师生之间民主关系的标志""教学的艺术在于激励唤醒和鼓舞""习惯是生长的表现，是教育的结果"……让我们一起走近陶行知、弗莱雷、第斯多惠、杜威等教育大师，倾听他们高屋建瓴的教学观吧。

1. 对话弗莱雷：对话是师生之间民主关系的标志

《被压迫者教育学》〔巴西〕保罗·弗莱雷 著，顾建新 赵友华 何曙荣 译，华东师范大学出版社2014年出版。

保罗·弗莱雷（Paulo Freire, 1921—1997）是20世纪闻名世界的巴西教育学家、哲学家，也是批判教育学流派的代表人物之一，被誉为"20世纪最杰出的教育思想家"，"或许是近半个世纪之内世界上最著名的教育家"。他的代表作《被压迫者教育学》自1970年出版以来，已经再版了20余次，仅英文版本就发行了75万多册，被译成多种文字，也是目前被引用最多的教育文献之一。1986年，弗莱雷获得联合国教科文组织颁发的"教育和平奖"。

▲对话是人类生存的重要方式

吴　奇："对话"这个词，如今已经被教师们认同，不过大多还只是停留在口头上，停留在文字上。"对话"是您解放教育思想的核心，请您重点为我们晓谕一下。

弗莱雷：对话不是交谈，不能为了对话而对话。对话不能简化为一个人向另一个人"灌输"思想的行为，也不能变成由待对话者"消费"的简单的思想交流，更不是那些既不投身于命名世界，也不追求真理，却把自己的真理强加于人的一场充满敌意的论战。

我所说的师生之间进行对话，并不是指师生在同一位置上，而是指在对话中，师生都是主体，教师不仅要保留自己的身份，而且要积极地捍卫这一身份。对话是为了交流，交流才能共同成长，这正如你们儒家所说的"教学相长"。师生之间的交往并不是学生对教师的理解，而是师生共同对知识的理解。教师如同导师一样，不向学生灌输思想，而是指点迷津。

对话是建立在双方互相尊重的基础上的，师生双方都作为整体的、独特的个人而相遇与交往，在相互对话与理解中接纳对方。要权威的教师和过于纵容的教师都不可能与学生建立真正的对话关系。当教师的批判性思考引起了学生的好奇心，而不是将自己的思考强加给学生时，师生的思考才有可能是真实的。

真正的对话不是要抹去教师的"教"，"教"隐含在相应的学习行为中，并在学习当中得以完善。教与学是不可分离的，"教"包含着教授对象的学习行为，同时也包含着教育者的学习或再学习的行为。

▲对话教育就是要避免把学生"物化"和"工具化"

吴　奇：听了您的高见，我发现我们当下一些教改活动，如"头碰头"，热热烈烈，其实教与学已经分离了。从以"教师为中心"机械地走向以"学生为中心"，陷入了"非此即彼"的怪圈。

弗莱雷：处在工业化围城中的现代教育，本身也面临工具化、技术化的危险。学生被当作要加工的零件,受到教育的控制、操纵和灌输,学生在教育的流水线中被程式化和机器化,他们不再对这个世界感到惊奇,不再对大自然的绚丽景象感到喜悦,不再有创造力和想象力。这种教育把知识的学习与人的精神构建分离开来,从而"销毁了儿童的有机生长"。

对话教育就是要避免把学生"物化"和"工具化",而是把他们看成一个实实在在的"人"——一个成长变化着的"人"。对话教育就是要纠正教育的非人化,实行人性化的教育。

对话教育体现在教学上,就是指在对话中不仅传递信息,还要尊重能够激发教育意义的所有言论。教育者的职责不是去窒息学生的好奇心,相反,当一个问题没有被阐明,教师也不应该讥笑他们,而应帮助学生重新解释,使他们能够提出更具价值的问题。但这并不意味着所有的发言都应不加批判地吸收,这里的批判伴随着聆听和反思,是指互相尊重的批判,而不是破坏性的批评。

对话教育体现在师生之间。在教学理论越来越走向对话与交往的时代,我们要改变师生之间"储蓄式"的关系,找回本真的"你—我"关系。这种"你—我"关系的核心是把教师和学生看成真正意义上的"人",平等的"人"。

对话教育还应体现在课程与教材方面。行政人员与教师对话,专家与教师、学生对话,学校其他的人员也都要参与进来,目的是让教材的内容更加民主化、合理化。

吴　奇:听了您的睿言,我也有点看法。对话,也是有条件的。在中小学教育这个层面上,我们所说的"对话"不是苏格拉底所讲的对话,苏氏对话属于灵魂对话,是最高级对话。孔子的"中人以上,可以语上也;中人以下,不可以语上也",释迦牟尼的"为发上乘者说,为发最上乘者说",从另一个角度说明了灵魂对话是有条件的。尽管如此,我们一定要"心诚求之,虽不能至,亦不远矣"。

弗莱雷:你说的有些道理。实现对话教育我们还要防止四个误区。

之一认为交谈即是对话。我们所指的对话,不仅仅是指各方之间的言谈，而且是指各方的内心世界的敞开，是对对方真诚地倾听和接纳，在相互接受与倾吐的过程中实现精神的相遇相通。

之二认为对话越多越好。我们不能为对话而对话，只要对话各方真诚，体现出敞开、接纳、理解和包容，精神都得到了提升，对话即使少，也是有效的；如果各方互有戒心，不能坦诚相待，纵使有再多的对话，也收不到好的效果。

之三认为对话的目的是达到一致同意。

之四认为对话式的教学应当有规则性、确定性和计划性。

对话是人的生存方式，是一种创造行为，是一种交流，是生命的象征，是师生之间民主关系的标志，是使学生生命得到解放的关键。

▲真正的教是打开思维

吴　奇："教"对教师而言似乎是没什么可说的，其实，对"教"的形而上的省思非常重要。您对此有何见教？

弗莱雷：真正的教是打开思维。正因为有教师的"教"，才有学生的"学"。当然，在逻辑上，学始终要在教之前。教师的"教"应引起学生的好奇心和求知欲，使学生热爱并不断去探索知识。如果阻碍了学生思维能力的发展，那么教出来的学生只能是驯化了的、思维被凝固了的机器。

在真正的民主关系中，对话能够打开人的思维。因此，教绝不能是灌，不能通过纯粹的概念描述，让学生机械地去记忆。不能把"教"简化为教学生去学习如何背诵，而应该教学生学会学习，学会研究事物背后的内涵。"教"意味着学习者能够渗透到教师的课程里，挖掘出教材内容的深层意义。教师的教和学生的认知是平行的。

那么，教师如何做才算是真正的教呢？一个不去研究教材的教师是教不好的，所以要熟悉、学习教材并深刻地领会它。另外，即使教师理解了教材，也要问问自己究竟懂了多少，自己的理解是在哪一个水平线上。其次，还要尊重学生的理解和当前的认知水平，激发他们的批判性思维。

▲ "教与学"即本真的"你—我"关系

吴　奇：作为一名教师，应该明晰"教与学"的关系，可现实中却未能如此。您是如何确定"教与学"的？

弗莱雷：在《被压迫者教育学》中我批判了"银行储蓄式教育"，提出了解放教育。这样教与学的关系也随之改变，师生之间不是控制与被控制、压迫与被压迫的关系，而是平等民主的互惠式关系。教师的角色应该既是教育者又是受教育者，学生则既是受教育者又是教育者，两者之间教学相长。

我主张的解放教育以解决师生之间的矛盾为起点，着重于"此时此地"。它要求学生能独立地作批判性思考，教师不能将自己的思想强加给他们。老师可以成为学生，学生也可以成为老师。师生成为学习共同体，教师与学生交流并同他们一起学习或再学习。

▲教学从学生懂的地方开始

吴　奇：每个教学过程都有开端，都应该有出发点。但是我们在具体教学中常常不知出发点在哪里，请您指点一下。

弗莱雷："尊重当前知识是教学的出发点"，这应该是教育者必须明白的。教育必须从学生当前的认识着手，而不是从教师当前的知识开始教学。要从"有"开始，而不是从"无"开始。你从"那里"出发，就永远到不了"那里"，你只有从"这里"出发，才能到达那里。"那里"是指学生不懂的地方，"这里"是指学生懂的地方。你们从学生不懂的地方着手，学生永远都无法真正懂；只有从学生懂的地方开始，才能够从"这里"到达"那里"。

吴　奇：您所说的"这里"，按照学习科学理论来看就是"前概念""元认知"。学生是带着关于世界如何运行的前概念来的。教师要关注学生的前概念，并以学生的所知所思为教学导入。

▲建立一种联系,别忘另一种阅读

吴　奇： 阅读,对教师而言并不陌生,但属于教师的"阅读",很少有人拿出真知灼见。对此,您有何高见？

弗莱雷： 教师真正的阅读不在于自己读了多少书,它不同于大量购物。真正的阅读是与文本之间建立一种联系,将自己融入其中,通过对文本的理解,去经历成为主体的过程。读者通过自己的思考,去"重构"文本,但又不违背作者的精神。这样的阅读,阅读者不再被文本奴役。其实,阅读也是一种对话式的经历,不同的阅读者会生成自己独特的感受感悟。我们的教育过程也是一种文本啊,需要不断地去阅读、诠释、生成。

吴　奇： 您所说的"建立一种联系",是否可以理解为"将文本联结生命经验"？

弗莱雷： 非常好！这是一举两得的好事,既可以让阅读者参与文本,又可以对阅读者的生命与生活有所启发。

另外,教师除了对文本进行质的阅读,千万不要忽略另一种阅读：不仅要把班上的学生当作要解码、领会的课文来"阅读",把班级当课文来"阅读",更要把自己的身体当作课文来"阅读"。教师的阅读时空不能只局限于课堂,而应当由课堂延伸至操场乃至于整个学校及其周边甚至家庭与整个社会,包含着师生的喜怒哀乐、希望、害怕以及梦想。

吴　奇： 读书,读人,阅世,一样不能少啊！

📖 大师教育智慧：

弗莱雷论教育

1. 只有通过学生思考的真实性,才能证实教师思考的真实性。教师不能替学生思考,也不能把自己的思考强加给学生。真正的思考,即是对现实的思考,不是发生在孤立的象牙塔中,而只能通过交流才能产生。

2. 灌输教育麻痹、抵制创造力,而提问式教育却不断地揭示现实。前者试图维持意识的淹没状态；后者则尽力让意识脱颖而出,并对现实进行批判性的干预。

3. 对话是人与人之间的接触，以世界为中介，旨在命名世界。对话是一种创造行为。对话不应成为一个人控制另一个人的狡猾手段。对话中隐含的控制是对话双方对世界的控制，对话是为了人类的解放而征服世界。

4. 只有要求进行批判性思维的对话才能产生批判性思维。没有了对话，就没有了交流；没有了交流，也就没有真正的教育。

5. 能够把对话建立在爱、谦逊和信任基础之上，对话就变成了一种水平关系，对话者之间的互相信任是逻辑的必然结果。

（摘选自《被压迫者教育学》）

天津市天津中学　吴　奇

2. 对话陶行知：教学就是教学生生活和生存

《陶行知名篇精选》陶行知 著，方明 编，教育科学出版社2006年出版。

陶行知（1891—1946），中国人民教育家、思想家，伟大的民主主义战士，爱国者，中国人民救国会和中国民主同盟的主要领导人之一。他提出了"生活即教育""社会即学校""教学做合一"三大主张，生活教育理论是陶行知教育思想的理论核心。著作有《中国教育改造》《古庙敲钟录》《斋夫自由谈》《行知书信》《行知诗歌集》。

▲教育中需要"新"

刘　佳：您在提到新教育的意义的时候，提到"三新"即自新、常新、全新，现今的教育也一直在提倡新课改，想要进步是需要自新、常新，那您所指的全新是什么呢？是我们要全盘否定之前的中国教育吗？倘若说中国教育没有优秀之处，为什么中国在奥数竞赛上的成绩却斐然呢？

陶行知： 全新所指的不单是属于形式的方面，还要有精神上的新。这样才算是内外一致，不偏不倚。并不是说中国教育不好，也并无全盘否定之意。

刘　佳： 何谓新教育的需要？

陶行知： 我们所研究的新教育，一定要合于现在所需要的。

刘　佳： 您提到"新教员"这个概念，那您觉得如何做才能是一个好的新教员呢？

陶行知： 对于教育，第一，要有信仰心。认定教育是大有可为的事，而且不是一时的，是永久有益于世的。不但大学高等学校如此，即使小学也是大有可为的。夫勒培尔研究小学教育，得称为大教育家。做小学教师的，人人有夫氏的地位，也有他的能力；只须承认，去干就能成功。又如，伯斯塔罗齐、蒙台梭利都从研究小学教育得名，即如杜威先生，也是研究小学教育的。这都是实在的事，并非虚为赞扬。我从前看见一个土地庙面前对联上，有一句叫"庙小乾坤大"，很可以来比。况且我们学校虽小，里头却是包罗万象。做小学教员的，万勿失此机会，正当做一番事业。而且这里头还有一种快乐——照我们自己想想，小学校里学生小，房子小，薪水少，功课多，辛苦得很，哪有快乐？其实，看小学生天天生长大来，从没有知识，变为有知识，如同一颗种子由萌芽而生枝叶，看他开花，看他成熟，这里有极大的快乐。

第二，要有责任心。不但是自己家中的小孩和课堂中的小孩，我应当负责任；无论这里那里的小孩，要是国中有一个人不受教育，他就不能算为共和国民。

第三，做新教员的要有共和精神。就是不可摆做官的态度，事事要和学生同甘苦，要和同学表同情，参与到学生里面去，指导他们。

第四，要有开辟精神。不可专在有教育的地方办教育，要有膨胀的力量，跑到外边去，到乡下地方，或是到蒙古、新疆这些边界的地方，要使中国无地无学生。

刘　佳：您在新教材中说编书的人，有的做过教员，有的竟没有做过教员。这种情况现在依然存在，要靠教科书是有害的。那我们应该怎样使用教材呢？

陶行知：教科书只可作为参考，否则硬依了它，还是没有的好。人是活的，要拿来为我所用，不要将活泼泼的人为死书所用。灵活运用教材进行教学。

▲教学就是教学生学

刘　佳：您说教学是教学生学，请问老师要如何教学生学呢？

陶行知：就是把教和学联络起来：一方面要先生负指导的责任，一方面要学生负学习的责任。对于一个问题，不是要先生拿现成的解决方法来传授学生，乃是要把这个解决方法如何找来的手续程序，安排停当，指导他，使他以最短的时间，经过相类似的经验，发生相类似的理想，自己将这个方法找出来，并且能够利用这种经验理想来找别的方法，解决别的问题。得了这种经验理想，然后学生才能探知识的本源，求知识的归宿，对于世界上的一切真理，不难取之无尽，用之无穷了。这就是孟子所说的"自得"，也就是现今教育家所主张的"自动"。所以要想学生自得自动，必先有教学生学的先生。

▲教学做合一的理由

刘　佳：您一再在文中提到教学做合一，原因何在呢？

陶行知：第一，先生的责任在教学生学；第二，先生教的法子必须根据学生学的法子；第三，先生须一面教一面学。这是教学合一的三种理由，第一种和第二种理由是说先生的教应该和学生的学联络；第三种理由是说先生的教应该和先生的学联络。有了这样的联络，然后先生学生都能自得自动，都有机会方法找那无价的新理了。

刘　佳：您在提到教学做合一时讲了三个理由，第一个便是先生的责任在教学生学。请问教学生学什么呢？

陶行知："学"字是意义，是要自己去学，不是坐而受教。先生说什么，学生也说什么，那便知学戏，又如同留声机器一般了。"生"字的意义，是生活或是生存。学生所学的是人生之道。人生之道，有高尚的，有卑下的；有片面的，有全部的；有永久的，有一时的；有精神的，有形式的。我们所求的学，要他天天加增的，是高尚的生活，完全的生活，精神上的生活，永久继续的生活。进一步说，不可学是学，生是生，要学就是生，生就是学。求学的事，是为预备后来的生存呢。既然晓得教育是继续经验的改造，那么对于天然界和群界，自然受他的影响；天天变动，就是天天受教育，差不多从出世到老，与人生为始终的样子，你哪一天生存不是学？你哪一天学不是生存呢？

▲好教育与好教育者缺一不可

刘　佳：您写过《教育者之机会与责任》一文，那您认为现代教育者的责任是什么呢？什么样的可以称为好的教育者？

陶行知：教育者的责任就是不辜负机会，利用机会，能用千里镜去找机会，会拿灵敏的手去抓机会。

我以为好的教育者，应当具有灵敏的手去抓机会，并且要带千里镜去找机会，机会找着了，就用手去抓住彼，不仅要抓住彼，还要尽力地发展彼。

刘　佳：在您看来，什么样的教育是好教育呢？

陶行知：好教育应当给学生一种技能，使他可以贡献社会。换言之，好教育是养成学生技能的教育，使学生可以独立生活。譬如社会上的农夫、裁缝、商人、工人、教员……他们都有贡献社会的技能，他们各人贡献他们所做的事，可以使社会分得许多便利。倘若有一个人没有能力，则此人必分大家的利，而造成社会的恐慌了，所以，教育的成绩，就是"技能"。教育就是"技能教育"。

刘　佳：很高兴能与您进行深度交流，对您的解疑表示感谢。

📖 大师教育智慧：

陶行知论教育

1. 培养教育人和种花木一样，首先要认识花木的特点，区别不同情况给以施肥、浇水和培养教育，这叫"因材施教"。

2. 人像树木一样，要使他们尽量长上去，不能勉强都长得一样高，应当是：立脚点上求平等，于出头处谋自由。

3. 活的人才教育不是灌输知识，而是将开发文化宝库的钥匙，尽我们知道的交给学生。

4. 我们要活的书，不要死的书；要真的书，不要假的书；要动的书，不要静的书；要用的书，不要读的书。总起来说，我们要以生活为中心的教学做指导，不要以文字为中心的教科书。

5. 好的先生不是教书，不是教学生，乃是教学生学。

6. 教育中要防止两种不同的倾向：一种是将教与学的界限完全泯除，否定了教师主导作用的错误倾向；另一种是只管教，不问学生兴趣，不注重学生所提出问题的错误倾向。前一种倾向必然是无计划，随着生活打滚；后一种倾向必然把学生灌输成烧鸭。

7. 教育不能创造什么，但它能启发儿童创造力以从事于创造工作。

（摘选自《陶行知名篇精选》）

北京市通州区漷县镇中心小学　刘　佳

3. 对话阿兰：推动儿童成长的决不是对游戏的爱好

《教师必读的外国教育名著导读》郝经春 主编，吉林大学出版社2007年出版。

阿兰（Alain，1868—1951），法国哲学家、教育家、散文家。《教育漫谈》是阿兰的教育名著，书中所体现的思想，对反对进步教育，推动永恒主义教育运动起了重要作用。书中强调教育要培养孩子的创造力，在学习中要磨练儿童的意志，教育要为其将来的生活准备等观点在今天仍有一定的现实意义。他的主要著作还有《幸福散论》《哲学要素》《思想和时代》等。

▲快乐游戏难成才

黄恩红：阿兰先生，您好！很多人认为现在的孩子太苦了，物质生活优越了，但学习很累，几乎失去了游戏的机会。您对此有怎样的看法？

阿　兰：我认为，学习是艰苦的劳动，游戏不利于儿童的成长，推动儿童成长的决不是对游戏的爱好。人只有靠他自己遵循严格的方法才能成才，反之，就永远不会有成就。教师对学生必须严加管教，对学生要经常进行意志锻炼，使他们树立积极学习和战胜困难的信心。

所以我不倡导所谓的快乐游戏教学，因为青少年精力充沛、好奇心强，寓教育于娱乐之中只会使儿童沉迷于易得的快乐，却失去了稍有勇气、稍加努力即可得到手的更高的快乐。学生首先要的是自我提高，而不是游戏中的快乐。因此，教师必须让学生在外力的约束下形成"自我约束"。谁不在开头吃苦头，谁就终究愚昧无知。人是靠辛苦而陶冶成其为人的。

最终孩子会感激那些教育他们的人。很多有成就的人，都是这样成长起来的。他们也许认为家长老师的管教是严苛的，但这却是他们成才的条件。假如他们当初嬉戏了，那也只能成为庸人。

▲学校不是娱乐的场所

黄恩红：如今有些父母放弃了公办的学校教育，而选择了自己在家教孩子的模式，有人认为这是由于学校教育的弊端而导致的。请问您如何看待这一问题呢？

阿　兰：我认为，学校是天然的孩子社会，教师是父母和孩子之间的大使和中介人。正如苏格拉底所说：无论怎样的父母都不善于教自己的子女。学校是孩子的社会，学校的氛围使孩子意识到自己是个学生。

学校不是娱乐场所，它靠的是理智，只有这样才能把学生培养成可信赖的公民。

学校要有一种气氛，使孩子自觉做学生。学校不是什么大家庭，在学校，有的是不讲爱、不讲原谅的公正。各种社会关系都有它固有的色彩，是父亲的就应该像父亲那样行事，是老师的就要像老师那样行事。教师不要乱用感情，应置身学生之外，并保持距离。这样才能培养学生的思想能力，使儿童健康成长。

▲少讲多阅读

黄恩红：以您的研究，对老师们在教学方法上有什么建议呢？

阿　兰：在教学方法方面，我强调两点：一是教师要少讲，二是提倡学生阅读。

我认为，讲授式没有同儿童的本性联系起来，没能提供与孩子经验相适应的东西。教师不是只备课讲课，重要的是组织学生学习；教师是书本的辅助者，教师干的要少，学生干的要多。

教学的目的是发展学生的思维能力，阅读就是学会思考，因此阅读很重要。阅读能使孩子品尝到科学和艺术的味道，学会思考的方法，领悟人生的真谛，在心灵中播下真理的种子。学习的艺术就是长期的模仿，长期的阅读、抄写、背诵的结果。阅读是学习语言的唯一途径，阅读古典著作，就能高效率地掌握语言。

大师教育智慧：

阿兰论教育

1. 怎样学语言？向大作家学，别无他途，向最严密最丰富最深刻的语句中去学。

2. 一个聪明人，如果他是忧郁的，总会找出足够的使自己忧郁的原因；如果他是快乐的，也会找到足够的快乐的原因。

3. 无论多么杰出的父母都不善于教育自己的子女，因为父母对自己的孩子期望甚高，又好感情用事。

4. 荣誉是时间的女儿。

5. 儿童在背诵古诗之始就会校正他的情欲，就会让他自己处于一切情欲的情景之外，迅速升华为感情，从中发现人间真理。

6. 如果痛苦是为了得到幸福，那就欣然接受吧！

7. 书籍是幸福时期的欢乐，痛苦时期的慰藉。

（摘选自《教师必读的外国教育名著导读》中的《教育漫谈》部分）

北京市石景山区杨庄中学　黄恩红

4. 对话第斯多惠：教学的艺术在于激励、唤醒和鼓舞

《德国教师培养指南》〔德〕第斯多惠 著，袁一安 译，人民教育出版社2001年出版。

阿道尔夫·第斯多惠（1790—1866），19世纪德国著名的民主主义教育家。他一生主要从事国民教育和师范教育工作。倡导"全人教育"的思想。被誉为"德国教师的教师""德国师范教育之父"。出版过《德国教师教育指南》（1835）、《教育年鉴》和二十多种各类教科书和教学指导书。

▲新课程改革是"全人教育"思想的鲜活体现

毕道玉：第斯多惠先生，在您的教育理论中占主导地位的思想是"全人教育"思想。请您就这一教育理论，谈谈当下部分人对我国"新课程改革是否成功"产生的怀疑。

第斯多惠：好的。我提倡的"全人教育"是一种充分发挥学生自主性、培养学生能自由思考的、各方面素质和谐发展的教育。

其中，我把"自动性"视为人的发展的主观基础，把社会中的真、善、美看做教育的客观基础，只有两者结合才算是培养了"全人"。

所有人的天性中潜藏着渴求发展的特性，作为教师，我们要想方设法地激发、唤醒学生的这种潜在意识。课堂上，教师的启发、引导代替了灌输，学生的探究、合作取代了单打独斗，教师更注重学生自主意识和探究能力的培养，即重视了人的"自动性"的发展。

现在，你们国家各级各类学校始终将"德育"放在教育的首位，这是正确的。"教书诚可贵，育人价更高"的价值理念也被越来越多的教育者所接受和贯彻。生活中的"真善美"就是学生追求的道德标准，我们的学校和教师也坚持将真善、真美、真爱的种子播撒在学生的心间，并且涌现出一批批品学兼优的学生。

你们做的这些，恰恰是我"全人教育"思想的鲜活体现。可以说，你们的新课程改革的设计是完全正确的，所取得的成果也是有目共睹的。现在有人质疑"新课程改革"是因为有些学校尚未能完全从应试教育中走出来，但我们应看到课改的主流方向是正确的、积极的。

▲《指南》体现出对于儿童生命发展的尊重

毕道玉：前不久，我国颁布了《3—6岁儿童学习与发展指南》（以下简称《指南》），我发现它与您提倡的"教育自然适应性原则"相吻合。您可以解释一下您对"自然"的理解吗?

第斯多惠：所谓自然，是指人的天性。适应自然，就是要遵循儿童身心发展的自然规律，教学要合乎儿童的年龄特征和个别差异。简言之，在教学中对儿童的自然本性给以符合自然规律的发展，即注重在教学过程中发展儿童的心智。

▲教师的教育热情建立在对事业的热爱上

毕道玉：现在，教师的职业倦怠时常被提及，被誉为"德国教师的教师"的您能否给我们的教师提一些科学的建议呢?

第斯多惠: 教师产生职业倦怠的原因有很多,我想从三个方面阐述,并提出我自己的看法,希望对你们国家的教师有启发。

首先,教师职业倦怠与自身的能力不足有关。有的教师教学观念陈旧,师生关系紧张,学生在他的课堂上不愿学习,而他又不主动求变,反而强迫学生学。结果适得其反,教师疲于奔命,苦不堪言。殊不知教学"不是传授艺术,课堂教学艺术是激发、启迪和活跃","学生只要有了这种活跃的情感,教师就不必额外督促学生好好学习"。这就要求教师能主动学习先进的教育教学理念、掌握科学的教学方法、更新教育观念,能"兴致勃勃地(而不是矫揉造作地)和儿童打交道"。教师在教育教学中能游刃有余,受到学生的爱戴,就不会厌倦于教学了。

其次,教师职业倦怠与自身的学识不高有关。随着现代科学技术的快速发展,学生获取知识、信息的渠道越来越多,越来越快,在某些方面,他们甚至超过教师。一个教师没有足够的知识储备是教不好学生的,一个不能从学生的成功中获得激励与鼓舞的教师是没有幸福感可言的。因此,教师在任何时候都不要满足于自己的知识水平,要有一定高度的文化知识和专业水平,要主动进修学习,提升自我,主动获取成就感,避免早早陷入职业倦怠中。

最后,教师职业倦怠与自身的职业认同度不高有关。我说过:"真正的永不消失的教学热情须建立在对教师职业的热爱上,对教师工作的心驰神往,须建立在对发展儿童事业的热爱上。"教师要认同自己的职业,要意识到自己的职业是教书育人,"这不仅关系到家庭和个人的幸福,同时也关系到整个国家的兴衰"。教师要能认识引导学生追求真、善、美"是教师义不容辞的神圣职责,没有什么会超越这种神圣的职责"。相信一个对教师职业高度认同的教师会对教育保持高度的热情的。

📖 大师教育智慧:

第斯多惠论教育

1. 一个真正的教育者,根据他自己和别人的宝贵经验,他知道,通过你是什么样的人要比通过你知道什么，可以获得更大的成效。

2. 哪怕你用天使般的语言说话，拥有一切的聪明和知识，如果你不努力进修，即按照我们的定义，不努力为真和善服务的越来越自由的活动，那末，你就始终是一种鸣锣和响钹，但决不会属于能"推动人类前进"的人们的行列。

3. 教学的艺术不在于传授本领，而在善于激励、唤醒和鼓舞。

4. 教师必须有独创性。他对学生要成为理性和启蒙的真实的火炬，使学生得以揭穿自己的错误意见，而被引导到真理的道路上去。

5. 任何真正的教学不仅是提供知识，而且是予学生以教育。

6. 应当考虑到儿童天性的差异，并且促进独特的发展。不能也不应使一切人都成为一模一样的人，并教以一模一样的东西。

（摘选自《德国教师培养指南》）

江苏省句容市天王中学　毕道玉

5. 对话梁启超：教作文要"重规矩，轻技巧"

《饮冰室合集》梁启超 著，夏晓虹 辑，北京大学出版社2005年出版。

梁启超（1873—1929），字卓如，一字任甫，号任公，又号饮冰室主人、饮冰子、哀时客、中国之新民、自由斋主人，广东新会人，清光绪举人，和其师康有为一起，倡导变法维新，并称"康梁"。是戊戌变法（百日维新）领袖之一、中国近代维新派代表人物，曾倡导文体改良的"诗界革命"和"小说界革命"。其著作合编为《饮冰室合集》。

▲教作文实际上是教作文的种种规矩

何 捷： 梁先生，您被公认为中国历史上"百科全书"式的人物。我们都知道您从过政，是"公车上书"的发起人，也是戊戌维新运动领袖。

但整个语文学界更津津乐道的是您退出政治舞台后在学术研究上取得的巨大成就。旁的先不说，单说语文教育。您在与革命派的论战中发明了一种介乎于古文和白话文之间的新文体，光这一点就足以奠定您在这一领域的大师地位。

梁启超：大师不敢当。语文是生活的一部分，语言就要服务生活。所以我主张实用主义。特别是写作教学，我在清华执教写作专业期间，整理了作文教学思想，集中发表在《梁著作文入门》上了。

何　捷：我们知道这本书是您于二十世纪二十年代在清华大学等院校的授课讲义。书中详述了写作方法和技巧，阐明了你的写作教学基本思想。诚如该书导读的作者龚鹏程所言："此书不只是一本谈作文技巧的书，而是上升为一本文化书。梁先生不仅要教作文，还希望藉此教学生做人！"而我们今天还提"作文与做人并举"，原来这个观点并不新鲜。我用了二十年探索小学作文教学，还希望您能不吝赐教。

梁启超：好的。首先，我主张"重规矩，轻技巧"。大匠能予人规矩，不能使人巧。这句话的意思是：教作文实际上是教作文的种种规矩而已。因为文章做得好不好，属于巧拙问题，巧拙关乎天才，不是可以教得来的。而如何做文章的规矩是可以教可以学的。当今的小学语文教师要记住：作文教学要取得好的效果，师生双方都得明白规矩。

▲以会作应用之文为最要

何　捷：我要为您这一观点欢呼！课改推行至今，阅读教学公开示范已如火如荼地开展，各个教学流派如雨后春笋般冒出。而敢于上作文教学公开课的老师可谓凤毛麟角。为什么？作文课评价体系尚未健全，好课尺度尚未确定，上砸的危险系数很高。其中争议特别大的就是"规矩"当讲不当讲，在课堂上是否应讲授写作知识，曾有一段时间，我们对"规矩"看得太重，讲得太多。以至于现在的新理念开始强调"拒讲"，提倡儿童随心所欲写，随性情表达，"想怎么写就怎么写"的呼声越来越高涨。我长期在教学第一线，切实的学情是完全放手后，儿童像脱缰的野马，跑得欢快，但未必都跑在"道"上。很多不伦不类的"处方体""梨花体""对话体"等经常出现在作文中，取巧、应景之作开始大行其道。我们承认曾有一批孩子受"规矩"的荼毒很深，但不能因此而矫枉过正。"没有规矩不成方圆"，孩子学习写作，在还不知道"规矩"的前提下就开始"创新"，就像没学会走就让他们跑，这是不是有些荒唐，有些危险呢？再说教师，倘若因害怕受人质疑而放弃写作基础知识的讲授，这是业务素养缺失还是懦弱的表现呢？这些问题值得一线教师思考，更应引起掌控话语权的专家们斟酌。但我也觉得您的这一观点主要针对当时的学堂，高校中的写作专业学子。针对小学基础教育中的作文教学范畴而言，过于强调"规矩"也容易导致忽略儿童天性。所以，结合小学的教学实际情况，我们要控制讲的"度"。第一，时间有度，一节作文课40分钟，写作知识的讲授时间不能超过10分钟。有了量化，这个度好把握。第二，内容有度，一节课讲授的写作知识不能贪多求全，应该有侧重点，经过几节课的训练后能形成体系即可，不要期待"一口吃成胖子"。这个度在于读者自悟。很明显的是，知识少而精，才能做到学以致用，才能在实战演练中消化吸收。

梁启超：很好，我也认同。你将理论结合实际的精神很可贵。我再说第二点"强调应用，批判空虚"。当时我就批评民国元年以后学校教育的弊病。我指出"学问不求实用"是当时的一大积弊。这一点，差不多是当时一般革新派人物的共识。蔡元培、刘半农都这样主张。在作文教学上，我呐喊高呼"学而不能应用于世，无论如何勤学，终是纸的学问，其结果纸仍纸，我仍我，社会仍社会，无一毫益处也"。我想，我的这种视作文为应世之需，教学内容要重在应用的观点，正是对封建传统教育的一种强有力的否定。

何　捷：是的。这也正是您的作文教学观点的闪光之处。不过，倘若梁先生您还活在当下，不知会气成什么样。首先，文章的空虚浮华之风有过之而无不及。且不说高考中哲理深刻，文句晦涩的文章有多少，就连初学写作的孩子也过早地写出一些"矫情"的美文，写成套路的格式。教师也见怪不怪了，反而还认为这是文笔优美，体现的是义学的好底子。假、大、空三类"美文"大行其道，这不能不说和教师评价的推波助澜密切关联。其次，姑且容我偷换概念，望文生义地将"应用"二字理解为"应用文"。当前的应用文教学不但极为欠缺，而且是一种主观的忽视与逃避。过去，大家的眼睛总是并且只是盯着"记叙文"。随着课改的推进，对语文综合素养的空前认识和重视，这使得"说明文""剧本""相声段子""调查报告"等文体的写作都被排上教学进程，可唯独"应用文"，还是无人问津。之前我们说到作文课，"应用文教学"的作文课型更是稀贵。在我们精批细改着一篇篇美文，为孩子写出诗样的语言所陶醉，为精巧新颖的文章所惊叹的同时，我们忽略了一个很重要的事实：孩子成年后可以不写散文、小说，更可以不写剧本、相声段子、调查报告，但是他很可能需要写一份自我介绍，一份通知书。晚上不回家吃饭，给母亲写一张留言条也是在所难免的。可是这些学校里都没有教，他举笔维艰，他会恨自己怎么光学会对着夕阳余晖感慨，对着昼夜交替兴叹。作为教师，我们会感到愧疚吗？有时候，我们好像在逐日，但是却离太阳越来越远。

梁启超：很好，所以我希望大家记住"以会作应用之文为最要"，别把遗憾留给自己和孩子。你的理解很到位，不妨说说对我的这一观点的看法："讲质量，不讲数量"。熟能生巧是妇孺皆知的道理，所以作文教学普遍提倡多写。而我在书中就提出"篇数要少，功夫要细"。我的"少"阐释如下：每学期少则两篇，多则三篇，每一篇要让学生充分预备。看题目难易，限一星期或两星期交卷。

▲在每次训练时"做通一种文"

何　捷：不难看出，您的这一主张充满对学生的人文关怀。试想您的学生每作一篇都能扎扎实实地做好作前的预备工作，决不能轻率从事，篇篇都讲求收到训练实效，多么令人羡慕。此外，您让学生一次"做通一种文，下次再做另一种文"，不贪多，不激进。这样的观点更为可贵。

梁启超：说得有理。请介绍一下你们教学的状况，这一观点执行得如何？

何　捷：恕我直言，新时代的作文教学需批判地借鉴此观点。重"量"轻"质"无疑是错误的，但以"量"保"质"也是必要的。叶圣陶说：既然写作是个技巧性的活儿，那就一定要讲训练。教学的实际情况也证明，训练的强度和方式决定了孩子掌握此项技能程度的高低。当前的课时安排明显对作文教学不利。一学期八篇，这和三十余篇的阅读教学篇目比起来可谓"渺小"，但就这区区八篇的训练还未能得到保证，往往以教师布置命题代替教学行为。应该说，像这样写一百篇也是空的。不少儿童看似在写作，其实只是在完成某一种形式的语文作业而已，他们不知道怎么谋篇布局，加上教师批改苛严，每逢写作必遭"打击"，所以害怕写作，永远也进不了写作的门。

梁启超：原来是这样啊。可是，假如你们能如实做到精讲八篇，在每次训练时，"做通一种文"，那么有理由相信儿童能借助训练渐入写作佳境。

▲学生作文要"求真""求达"

何　捷：是啊，这仅仅是方式上的改进。在强度上，我认为应该辅以日常短篇练笔，一来可以弥补训练强度的不足，更重要的是让写成为一种习惯而不是任务、负担。例如，我国已故语文教育家黎锦熙先生就提倡每日写日札，就是修养日记或读书札记。内容上，可无所不写；形式上，叙述描写抒情议论随意选用；心理上，轻松自然。这种没有精神压力和文法顾忌的写作，一旦养成习惯，在量的不断积累下，定会有质的飞跃。作文本就是一种习惯，即习惯于用笔表情达意，就像画家喜欢用画笔表达对事物的理解；音乐家常用音符抒发对世界的感受一样，"拳不离手，曲不离口"是必要的。

梁启超：也有一定道理。学术贵在争鸣嘛。后生可畏，勇气可嘉！我生活的时代就是缺少实干的人。所以当时我还提出"提倡写实，反对凭空瞎想"。我认为，出个题目让学生凭空去瞎想，是作文教学的大忌，瞎想的结果必然是胡编乱造，而胡编乱造成了习惯，于学生害处极大。我主张学生作文一要"求真"：真情、真事、真感受；二要"求达"：照事物之原样说出，所说令人完全了解。

何　捷：这一点我高举双手赞成。您的"求真、求达"的思想所影响的，决不单纯是作文教学范畴，实际上已涉及文风、文德、为人处世的培养，意义十分深刻。这也正是作文做人结合的关键节点。可令人担忧的是，写实，这一孩童初学写作必须树立的观念似乎离我们越来越远。《课程标准》对想象作文写作极为重视。多条写作指导意见中就明确提出：提倡写想象文。这是符合孩子思维发展年龄特点的，也是对之前一味重视记叙文的"思想根子正不正""事件意义是否深刻"的不良写作局面的有力扭转。但是矫枉过正的情况也不容回避。我采访过许多儿童，他们都坦言自己喜欢写想象文，因为可以天马行空地在作文中自由驰骋。但是一旦要求他们现场摄取素材后如实去写，许多孩子就感到困难，应付之作、病残之文比比皆是。"写实"意识和能力的缺乏充分暴露出当前作文教学的隐性弊端——"教师的指导作用越来越不见效"。孩子看过、听过、体验过还是不能下笔，原因不在他们，而在教师没有正确指导。您是怎么界定教师的指导的？

梁启超：对教师的指导行为，我明确界定：教师责在指点取材的方法，主要是观察和取舍的方法；凡是学生不能直接接触的人事景物，通过"提供材料"让学生切实掌握。总之，学生在提笔作文之前，不在"苦思冥索"上花时间，而要在"搜集材料"上下功夫。不妨问问自己，你曾经带着孩子蹲在一群小蚂蚁旁，指点他们看看蚂蚁的身体外形，告诉他们蚂蚁世界的社会分工吗；你曾经以裁缝剪裁衣服布料为例，告诉过孩子如何选择自己需要的材料了吗；你曾经和他们一起翻阅几本厚厚的书籍，就是为了弄明白小猫的生活习性吗……如果没有，请别再把自己带着儿童去玩的行为当成"作前指导"了。

何　捷：太棒了！与时俱进地借鉴您的观点，我认为：写作是智力活动，既要鼓励提倡孩子大胆构想，勇于创新，写出自己心中的狂想，也应帮助他们树立"如实写"的正确观念，养成正确、严谨的写作态度，为今后认识生活，描绘生活打下坚实的基础。

梁启超：很好。这里我还想提一点，评价上要"关注整体，忽略枝节"。一篇文章的思路脉络、组织结构特别重要，关涉文章品质的好坏。教师指导学生作文，应该着力把握大局，关注整体，忽略枝节。首先，要求指导学生学会恰当、条贯地整理思想；其次，在给学生提供材料的时候，要罗列各种材料，以便培养锻炼学生的选择力；第三，主张"一题可做数次"，同一个题目可以从不同角度、用不同观点写成几篇文章，使学生对于一个题目的方方面面都能了解，拓展思路。我在评改学生作文时特别注意"思想清不清，组织对不对"；至于"字句不妥当"，固然要注意，但这毕竟属于"末节"，不要太过关注。

何　捷：这样的评价观要是在今天能推广，将是大家的福音。这几年，我们一直在争论：作文要不要精批细改。您的作文教学思想很值得我们思考，也给出了比较科学的答案。教师评价儿童作文，应该站得高，看得远，着力在文章整体上多给予指导，帮助调整文章结构，理清条理脉络。还可以多提供自我修改的建议，让文章的品质经过修改后能得到提升，体现修改的价值、意义。至于字词等细节，完全应该提示儿童自我检查后修正，不应由教师包办代改。成年人的语言体系和孩童不一样，有时候教师修改的地方正是童趣、童真闪烁之处，这样的修改和打击孩子的写作信心，摧毁他们的写作兴趣没有区别。

衷心感谢您，希望有机会再向您讨教！

梁启超：不客气，有问必答，有问必争。这是学人应有的风范。

大师教育智慧：

梁启超论教育

1. 六经不能教，当以小说教之；正史不能入，当以小说入之；语录不能谕，当以小说谕之；律例不能治，当以小说治之。

2. 患难困苦，是磨炼人格之最高学校。

3. 心口如一，犹不失为光明磊落丈夫之行也。

4. 自信与骄傲有异；自信者常沉着，而骄傲者常浮扬。

5. 少年智则国智，少年富则国富，少年强则国强，少年独立则国独立，少年自由则国自由，少年进步则国进步，少年胜于欧洲则国胜于欧洲，少年雄于地球则国雄于地球。

6. 世界之运，由乱而进于平，胜败之原，由力而趋于智，故言自强于今日，以开民智为第一义。亡而存之，废而举之，愚而智之，弱而强之。

7. 每日所读之书，最好分两类：一类是精读的，一类是浏览的。

8. 我们一面要养成读书心细的习惯，一面要养成读书眼快的习惯。心不细则毫无所得，等于白读；眼不快则时候不够用，不能博搜资料。

9. 成功自是人权贵，创业终由道力强。

10. 凡作事，将成功之时，其困难最甚。行百里者半九十，有志当世之务者，不可不戒，不可不勉。

11. 成功大易，而获实丰于斯所期，浅人喜焉，而深识者方以为吊。

12. 人生百年，立于幼学。

13. 人生须知负责任的苦处，才能知道尽责任的乐趣。

（摘选自《饮冰室合集》）

福建省福州教育学院二附小　何　捷

6. 对话杜威：习惯是生长的表现，是教育的结果

《杜威教育文集》（第4卷）吕达 刘立德 邹海燕 主编，人民教育出版社2008年出版。

约翰·杜威（John Dewey，1859—1952），美国著名哲学家、教育家，实用主义哲学的创始人之一，功能心理学的先驱，美国进步主义教育运动的代表，哥伦比亚大学教授。著有《杜威教育文集》，收录了杜威的主要教育论著以及与教育有密切关系的其他论著，共计五卷。其中，第4卷选编了杜威1919年4月至1921年8月在华的主要教育讲演，包括著名的《杜威三大讲演》，即在南京的系统讲演，以及在其他各地的讲演。杜威是当时传统教育的改造者，是新教育的拓荒者，他提倡从儿童的天性出发，促进儿童的个性发展；他从实用主义经验论和机能心理学出发，批判了传统的学校教育，并就教育本质提出了他的基本观点："教育即生活"和"学校即社会"。

▲习惯是"生长的表现"

缪建平：杜威先生，您好！关于习惯，很多教育家都有很多著名的论述。比如，我国著名教育家叶圣陶先生就说过："教育是什么，往简单的方面说，只有一句话，就是养成良好的习惯。"翻看您的教育专著《杜威教育文集》第2卷第四章《教育即生长》的第二部分中也提出"习惯是生长的表现"，对习惯的相关话题进行了论述。请您说说，您为什么说习惯是生长的表现呢？

杜　威：要谈"习惯"，首先必须谈"生长"；而要谈"生长"，更要谈谈什么是"教育"。在我看来，教育并不是强制儿童静坐听讲和闭门读书，教育就是生活、生长和经验改造。生活和经验是教育的灵魂，离开生活和经验就没有生长，也就没有教育。

"教育即生长"就是要使每个人的天性和与生俱来的能力得到健康生长，而不是把外面的东西例如知识灌输进一个容器。这个论点教育家卢梭就提出了，我觉得非常有道理，就把它纳入我的理论体系里。

生长的首要条件是未成熟状态，未成熟状态这个词的前缀"未"有着某种积极的意义，它不仅仅是一无所有或缺乏的意思。未成熟状态就是指一种积极的势力或能力——向前生长的力量。我们不必像有些教育学说那样，从儿童那里抽出或引出种种积极的活动。哪里有生活，哪里就已经有热切的和激动的活动。生长并不是从外面加到活动中的东西，而是活动自己做的东西。总之，"未成熟状态"就是一种"可能性"的状态，是一种积极的、可建设的状态，它的主要特征是依赖和可塑性。

缪建平：那么，"习惯"的这两个特征（"依赖"和"可塑性"）与习惯本身是什么关系呢？

杜　威："依赖"和"可塑性"这两件事在人类生活中都是很重要的。这个原理早有人总结在延长婴儿期的重要意义的学识之中。需要指出的是，这两个方面，我们都要从积极主动的意义上去理解，而不要把它们看作是被动消极的。其中,"可塑性"是获得习惯或发展一定倾向的能力。一个孩子生长的能力,依靠别人的帮助(即"依赖"),也有赖于自己的"可塑性",这两种情况,在儿童期和青年期达到顶点。

缪建平:那么,你能从"可塑性""经验改造""生长"这些角度,具体说说习惯到底是什么吗?

杜 威:因为生长是生活的特征,所以教育就是不断生长。在它自身以外,没有别的目的。学校教育的价值,它的标准,就看它创造继续生长的愿望到什么程度,看它为实现这种愿望提供方法到什么程度。习惯乃是一种执行的技能,或工作的效率。习惯就是利用自然环境以达到自己目的的能力。可塑性或从经验学习的能力,就是形成习惯的意识。

习惯通过控制动作器官而生动地控制环境。我们也许易于强调控制身体,而忽略对环境的控制。我们想起步行、谈话、弹钢琴、雕刻工的专门技能,外科医生、建筑桥梁的工人等的技能,好像他们的技能不过是有机体的行动流畅、灵巧和精确。但是,衡量这些特性的价值的标准,在于它们对环境的经济而有效的控制。我们能够走路,就是能支配自然界的某些特征,所有其他习惯也是如此。

习惯的形式一般有两种:一是习以为常的形式,就是有机体的活动和环境取得全面的、持久的平衡;另一种形式是主动地调整自己的活动,借以应付新的情况的能力。前一种习惯提供生长的背景,后一种习惯构成继续不断的生长。主动的习惯包含思维、发明和使自己的能力应用于新的目的的首创精神。这种主动的习惯和以阻碍生长为标志的墨守陈规相反。有人一听到习惯,就联想到"僵硬性",这是由于过分强调训练和其他方法而牺牲主体的理解力,进而养成了机械技能的结果。

▲养成习惯是"教育的结果"

缪建平:从刚才的谈话中,我深刻地理解了:"习惯"是跟"生长"紧紧相联的,更是跟"教育"紧紧相联的。杜威先生,您在1920年4至5月间,曾在南京进行三大讲演时提到:"广义的教育的结果,就是在养成一种习惯。我所说的习惯，是指一种技能，指一种能力。有了这种技能，这种能力，就可以做出种种的事业，生出极好的效能，极好的效果。"你能具体说说吗？

杜　威：习惯作为获得的技能，获得的才力，分析开来，得到三个要素：一是制驭，二是条理，三是爱情。所谓"制驭"，就是获得的技能或能力，要能制驭它、支配它、操纵它，要把动作纳入正轨，叫他们向一个目的进行，不致做出没用的动作、散漫的动作来，阻碍我们不得达到目的，这是最要紧的。所谓"条理"，就是有秩序。有了条理，就好像受了一种激动，尽管向前，不到紊乱，所以流利而敏速。所谓"爱情"，就是觉得快意，觉得高兴，觉得有趣，觉得有"成功的知觉"，从而"一直保持在高平面上"。

缪建平：您是否想说明，养成习惯既是一种"过程性目的"，更是"教育的结果"？

杜　威：是的，教育结果的评判，也是不外乎以下三个方面：一是目的（要有知识），二是实行（要有变化），三是感情（要有兴趣）。良好的习惯，目的、实行、感情三个方面的要素，互相调剂，配合适当，不是偏重的，不是片面的。这样，做事就能晓得宗旨之所在，意义完了了解，且能生乐趣。

大家知道，行和知是良好的伴侣，是携手共进的，而"从做中学"颇能充分发挥这种效能。因为儿童在活动中的求知，即会有真实的学习目的，会产生兴趣和努力。所谓目的是对于活动发展的预见或假定，有理性因素存在；所谓兴趣和爱好，则是情感；所谓努力就是坚毅的意志的根子。

所以在生活、生长和经验改造中进行教学，必然是知、情、意连带向前而无法牵强划开的，教育性教学乃是自然体现的。而"习惯培养"就是"教育性教学"的最好体现，因此说它是"教育的结果"一点也不为过。

📖 **大师教育智慧：**

杜威论教育

1. 教育过程在它自身之外无目的，它自己就是自己的目的。

2. 人们最初的知识，最能永久令人不忘的知识是关于"怎样做"的知识。

3. 教师总是真正上帝的代言者，真正天国的引路人。

4. 教师的职务仅仅是依据较多的经验和较成熟的学识来决定怎样使儿童得到生活的训练。

5. 学校科目联系的真正中心不是科学，不是文学，不是历史，不是地理，而是儿童本身的社会活动。

6. 如果他不能筹划他自己解决问题的方法，自己寻找出路，他就学不到什么；即使他能背出一些正确答案，百分之百正确，他还是学不到什么。

7. 比较聪明的教师注意系统地引导学生利用过去的功课来帮助理解目前的功课，并利用目前的功课加深理解已经获得的知识。

8. 一个儿童要学习的最难的课程就是实践课，假如他学不好这门课程，再多的书本知识也补偿不了。

9. 从广义方面想一想，就觉得教育和人的生活有极大的关系了。没有教育即不能生活，无论什么人，一天总不能离的……绝对不可离的。

10. 学校的最大浪费在于儿童在学校中不能完全自由地运用已有的经验，采用自己的方法去获取知识。

（摘选自《杜威教育文集》）

江苏省苏州工业园区车坊实验小学　缪建平

7. 对话苏霍姆林斯基：让儿童过丰富的精神生活

《给教师的建议》〔苏〕苏霍姆林斯基 著，杜殿坤 编译，教育科学出版社1984年出版。

瓦·阿·苏霍姆林斯基（1918—1970），苏联著名教育实践家和教育理论家。他从17岁即开始投身教育工作，直到逝世，在国内外享有盛誉。出生于乌克兰共和国一个农民家庭。1936至1939年就读于波尔塔瓦师范学院函授部，毕业后取得中学教师证书。1948年起至1970去世，担任他家乡所在地的一所农村完全中学——帕夫雷什中学的校长。自1957年起，一直是俄罗斯联邦教育科学院通讯院士。1968年起任苏联教育科学院通讯院士。1969年获乌克兰社会主义加盟共和国功勋教师称号，并获两枚列宁勋章、1枚红星勋章、多枚乌申斯基和马卡连柯奖章等。

▲在体验中激发学生学习的兴趣

王福江：人们常说兴趣是最好的老师，所有的教师都希望学生在自己的课堂上兴趣高涨，而事实上我们有些课堂学生兴趣并不高，老师很苦恼，请您给我们教师提一些建议。

苏霍姆林斯基：怎样在教学中激发学生的兴趣，这是每一位教学人员都要面对的问题，也是影响提高课堂教学实效的现实问题。现在进行的课程改革强调以生为本，强调创造适合学生发展的教育，让学生在课堂教学中自主成长、自主发展。学生对学习兴趣的高低尤为重要。

所谓学生学习的兴趣，就是说学生带着一种高涨的、激动的情绪从事学习和思考，对面前展示的真理感到惊奇甚至震惊；学生在学习中意识和感觉到自己的智慧力量，体验到创造的欢乐，为人的智慧和意志的伟大而感到骄傲。

由于学生在不同年龄阶段认知水平的差异，激发学生学习兴趣也有不同的侧重点和方法。孩子越小，好奇心越强。认识本身就是一个激发生动的、不可熄灭的兴趣的最令人赞叹、惊奇的奇异过程。我们要利用这一点展开教学，给学生更多的新鲜事物、鲜活现象，引起学生的注意，进而激发学生探究的欲望。在小学乃至初中低年级要大力提倡直观教学、情境教学，这些都是激发学生学习兴趣的有效方法。

教学中，如果我们只片面地利用上述方法刺激学生的感官，以引起学生学习和上课的兴趣，那我们永远不能培养起学生对脑力劳动的真正热爱。随着学生认知能力的发展，我们应当使学生自己去发现兴趣的源泉。让他们在这个发现过程中体验到自己的劳动和成就——这件事本身就是兴趣的最重要的源泉之一。学生应成为学习过程中的探究者、发现者，要让学生通过自己动手、观察、思考、合作探究去发现和获取知识，让学生通过脑力劳动有成就感。这种成功后的体验本身是愉悦的、快乐的。我们更要追求学生这种学习兴趣的培养。

▲让每一个孩子都喜爱阅读

王福江：苏霍姆林斯基老师，在您的《给教师的建议》一书中，提倡让学生有读书的兴趣，让学生喜爱阅读，您认为阅读与培养学生的兴趣有什么关系？

苏霍姆林斯基：在我看来，学生喜爱阅读是培养学生兴趣的基础。我一直在提倡：让每一个学生都有最喜欢做的事。每一个教育工作者都要认真思考，你的学生是怎样以及在哪里利用（不是"度过"，而是"利用"）自由与支配的时间的。而且要利用得合理。要达到这一点，我们就应提倡让学生阅读，让阅读成为吸引学生爱好的最重要的发源地。

我想强调指出，学生的第一个爱好就应当是喜爱读书。这种爱好应当终生保持下去。作为教师不管你教的是哪门学科，你都应当使书籍成为学生的第一爱好。

书籍也是一种学校。应当教会每一个学生怎样在书籍的世界里旅游，让学生在爱好的发源地，发现自己的爱好并形成自己的爱好，这样学生对学习才会有兴趣，才能更好地通过学科教学促进学生成长。作为学校要想使阅读成为学生的第一爱好，首先教师应喜欢阅读。用教师的阅读带动孩子的阅读，引领孩子的阅读。其次要为学生的阅读创造条件，可以在班级建立"书籍之角"，也可以将图书馆里的图书放到楼道，方便学生阅读。第三要给学生推荐适合学生年龄特点阅读的书目。第四要适时开展"读书展示"活动。例如，办手抄报、举行讲故事比赛、读书征文等活动，帮助学生体验读书的快乐。让学生在阅读中发现兴趣，培养兴趣。

▲让儿童学会学习

王福江：新课程强调过程与方法，提倡让学生学会学习，您也强调让儿童学会学习，可否就如何让儿童学会学习谈谈您的看法？

苏霍姆林斯基：是的，我一直强调让儿童学会学习。这是因为在有些教师看来，学习就如同儿童背着一个口袋，教师尽量把越来越多的东西往口袋里装。要学生把这样的重荷背负到一定的地点。这样做是错误的,如果把学习仅仅归结为不断积累知识、训练记忆和死记硬背,既有害于儿童的健康,又不利于儿童的智力发展。

我认为让儿童学会学习是要努力做到,使学习成为丰富的精神生活的一部分,这种丰富的精神生活促进儿童的发展,丰富他的智慧。学生的学习不应当是死记硬背,而是在游戏、童话、美术、音乐、幻想和创造的世界里进行的生机蓬勃的智力生活。我希望孩子们成为这个世界里的旅行者、发现者、创造者,学会学习就是让孩子们去观察、思考和推论,体验获取知识的快乐,体验学会学习的兴奋,体验丰富的精神生活的愉悦。

大师教育智慧:

苏霍姆林斯基论教育

1. 世界上没有什么东西比人的个性更为复杂、更丰富的了。个性的全面发展和道德的完善,就是共产主义教育的宗旨,实现这一宗旨的途径就像人自身一样复杂纷纭。

2. 不能把小孩子的精神世界变成单纯学习知识。如果我们力求使儿童的全部精神力量都专注到功课上去,他的生活就会变得不堪忍受,他不仅应该是一个学生,而且首先应该是一个有多方面兴趣、要求和愿望的人。

3. 如果教师的聪明才智"深化"到培养每个学生"创造性的能力"上来,如果教师所讲的话善于激励学生投入创造性的能力的竞赛,那末,学校里将不会有一个平庸的学生,理所当然地,生活中也将不会有一个不幸的人。

4. 人不仅创造财富,还要为人处世,而且在为真、善、美的服务之中看到自己的创造能力的意义。需要教人们学习的正是这些东西。

5. 一个人一生命运的复杂性,有时也是悲剧性就在于:虽然"草稿"里蕴藏着成为一个独特的个人的各种素质——卓越的才能、禀赋、倾向性、天才——但是负责对这一"草稿"进行加工,以便使其变得更为美好的人,却反其道而行之,他用自己那双笨拙而又漫不经心的手把草稿中美好的东西弄得丑陋不堪。

6. 每个学生的才能和天赋都可在教育过程中得到发展。日后，一些人将成为科学家、思想家、艺术家，另一些人将成为工程师、技师、医生、教师，又有一些人将成为钳工、车工、农业机械师，但是有一个共同的特点会使他们很相似，这就是智慧和创造性在劳动中起主导作用。

7. 一个教师只有把为别人作出贡献视为自己的最高享受，他才能成为共产主义信念的真正培育者，才能造就出具有共产主义思想的新人。一个人为了使他人幸福而奉献出自己的精神力量，并由此享受到高尚的、无私的欢乐——这种榜样是照耀青年一代生活道路的强大的光源。让学生在刚刚开始认识生活的时候，就能遇到一位可敬爱的老师，这种学校才会具有强大的教育力量。

8. 在学龄初期，教师对儿童来说，是打开事物和现象的世界的人，而在少年时期，教师就是打开思想的世界的人。

9. 我热爱教育工作，因为它的主要任务是认识人，我在工作中首先去认识人，观察他们内心世界的各个方面。如果善于对待和善于琢磨，就能使人成才。教育的艺术就在于能够看到取之不尽的人类精神世界的各个方面。

10. 我们做教师的应当在自己的集体里发扬我们的教育道德，应当把在教育工作中确立人道主义原则视为每个教师教育素养的最重要的品质。

11. 集体的教育信念激励了教师去进行创造性的探索，成为每个教师个人创造的动力。

（摘选自《给教师的建议》）

北京市怀柔区怀柔镇中心小学　王福江

8. 对话陶行知：教育者永远是学习者

《中国教育改造》陶行知 著，商务印书馆2014年出版。

陶行知（1891—1946），中国近代伟大的人民教育家、思想家，改造中国教育的身体力行者。曾任南京高等师范学校教务主任，继任中华教育改进社总干事。先后创办晓庄学校、生活教育社、山海工学团、育才学校和社会大学。提出了"生活即教育""社会即学校""教学做合一"三大主张，其教育思想的理论核心是生活教育理论。著作有《中国教育改造》《古庙敲钟录》《斋夫自由谈》《行知书信》《行知诗歌集》。

新课程倡导"全面提高学生的语文素养""促进学生均衡而有个性地发展""教师和语文课程同步发展"，如何贯彻这些理念？如何在实际教学中实施"课标"提出的建议和要求？怎样在教学中处理好师与生的关系？

怎样才能成为适应新课程的语文教师？这一系列的问题一直困扰着新课程实施者。带着这些困惑，我们来请教我国近代著名的教育改革家陶行知先生。

▲先生的责任在教学生学

赵克明：早在二十世纪三十年代，先生您就倡导"教学做合一"的理论，您说"先生的责任不在教，而在教学，而在教学生学"。请问，您为何说先生的责任不在教呢？

陶行知：其实有这样两种先生、两种状况：第一种是只会教书，只会拿一本书要儿童来读它、记它，把那活泼的小孩子做个书架子、字纸篓，先生好像是书架子字纸篓之制造家，学校好像是书架子字纸篓的制造厂；第二种的先生不是教书，乃是教学生，他所注意的中心点，从书上移到学生身上来了，不像从前拿学生来配书本，现在他拿书本来配学生了，他不但是拿书本来配学生，凡是学生需要的，他都拿来给他们。这种办法固然比第一种好得多，然而学生还是处于被动的地位，因为先生不能一生一世跟着学生。热心的先生，固想将他所有的传给学生，然而世界上新理无穷，先生安能尽把天地间的奥妙为学生一齐发明？既然不能与学生一齐发明，那他所能给学生的，也是有限的，其余还是要学生自己去找出来。况且事事要先生传授，既有先生，何必又要学生呢？所以专拿现成的材料来教学生，终归还是不妥的。

赵克明：的确，先生您所指出的这两种教学其实都是"灌输式"的教学。那么您的"教学生学"，其基本内涵是什么呢？

陶行知：所谓"教学生学"，就是把教和学联络起来：一方面要先生负指导的责任，一方面要学生负学习的责任。对于一个问题，不是要先生拿现成的解决方法来传授给学生，乃是要把这个解决方法如何找来的手续程序，安排停当，指导他使他以最短的时间，经过相类似的经验，发生相类似的理想，自己将这个方法找出来，并且能够利用这种经验理想来找别的方法，解决别的问题。

赵克明：先生您所言，应该是对当今新课程积极倡导的"自主、合作、探究的学习方式"的最明白的诠释。我们在实施新课程中之所以迈不开步子，很大程度上就是因为我们"只会教书"，做"书本先生"，只会做包办一切的"保姆"。我曾听过不少教师的公开课，也多次参与过教坛新星、优质课评选等活动，总感觉"书本先生"和"保姆"比较多，平时的"常态课"就更不用说了。我们似乎养成了一种职业习惯：对于教科书上的每一篇课文都要条分缕析，面面俱到，讲全、讲深、讲透，唯恐有所遗漏会让学生日后责备；对于学生学习的每一个环节都要交代清楚，叮咛嘱咐，一千个不相信，一万个不放心，唯恐学生会"迷路""撞墙"。常听到老师说："我们的学生学习主动性太差，老师不讲就不知道学，不教他怎么做他就不知道做。"反过来想一想，也许这正是我们当教师的太"好心"，"惯"学生的结果。

陶行知：若做先生的致力于教学生学，并在教学过程中自觉地训练学生摸索预习的方法、积累的方法、思维的方法、阅读的方法、写作的方法、探究的方法、合作的方法等，得了这种经验理想，然后学生才能探知识的本源，求知识的归宿，对于世间的一切真理，不难取之无尽，用之无穷了。这就是孟子所说的自得，也就是有些教育家主张的自动。所以，要想学生自得自动，必先有教学生学的先生。

赵克明：教师"教学生学"，目的是让学生"自得自动"。先生您所倡导的也正是当今新课程实施过程所期望的呀！

▲先生教的法子必须根据学的法子

赵克明：先生您还提出"教的法子必须根据学的法子"，您能给大家解释一下吗？

陶行知：就是以学来定教。怎么学就须怎么教：学得多教得多，学得少教得少；学得快教得快，学得慢教得慢。"教的法子必须根据学的法子"，也就是说教学应该合一。

赵克明：您这样说，是不是意味着当时有教学不合一的弊端？

陶行知：正是。从前的先生，只管照自己的意思去教学生；凡是学生的才能兴味，一概不顾，专门勉强拿学生来凑自己的教法，配他的教材。换言之，就是先生操纵全部教学，而学生只能来帮助先生完成教学任务。这种教学不合一的流弊，一来先生收效很少，二来学生苦恼太多。

赵克明：几十年后的今天，先生您所指出的这种流弊不但依然存在，而且大有过之。我们的课堂，几乎是有"预设"无"生成"，师生之间差不多是"授受"关系，教师基本上是"牵"着学生转。我曾参与某市骨干教师、学科带头人评选，连续听了十多节参评课，客观地说，无论是初中教师上的《背影》，还是高中教师上的《记念刘和珍君》《记梁任公先生的一次演讲》，都反映了教者具有较为深厚的语文专业素养，对教材的钻研都很深透，对课堂教学的设计都有独到之处，但是暴露出来的通病就是他们更多地把课堂作为展示教师的"舞台"，或口若悬河地演说，或声情并茂地示范，或自问自答地"走过场"，基本上把学生视为听众、观众、陪衬人，说的不客气一点，就是供他们"上课"服务的道具。

陶行知：此正是不以"学的法子"来确定"教的法子"之过也。如果先生能不自高于学生，不以"自我"为中心，而充分地尊重学生，"蹲下来"看看学生，倾听他们的心音，了解他们的知识水平，知晓他们的兴趣点，明白他们的疑难处，给学生提供一个合作、互动、交流、展示的舞台，让学生在学习活动中获得成功的快感，总之是让教的法子自然根据学的法子，那么先生就费力少而成功多，学生一方面也就能够乐学、善学了。

赵克明：根据"学的法子"来确定"教的法子"，这正是"以生为本"思想，正充分体现了新课程"以学生为发展主体""一切为了学生的发展""发展学生个性"的核心理念。

▲先生的教学须和自己的学问联络起来，要一面教一面学

赵克明：现行国家"语文课程标准"建议"教师和语文课程同步发展"，其实先生您早就提出了类似的观点。能给大家重申一下您的观点吗？

陶行知：做先生的，不但要拿他教的法子和学生学的法子联络，并须和他自己的学问联络起来，不能各人拿从前所学的抄袭过来，传给学生，应该一面教一面学，并不是贩卖些知识来，就可以终身卖不尽的。

赵克明：在今天，"拿从前所学的抄袭过来，传给学生"者大有人在。相当一些青年教师自认为从大学系统学习的专业知识与理论足以应付学生，中老年教师自认为凭多年来在教坛上摸爬滚打的经验可以以不变应万变，读书学习似乎只是学生的事。据有关教师研究机构的调查表明，70%的教师平时只读教学参考书，做教辅资料上的题目，几乎不读文学作品和专业理论书，40%左右的教师竟从来没有看过专业杂志，甚至列举不出一本专业杂志的名称。在我们身边也随处可以见到凭一本"教参"包打天下的教师，或者靠网络支持（直接下载网络教案）应对一切的教师，他们只管"拿来""送去"，依样画葫芦，没有思想，缺乏研究。

陶行知：拿从前所学的抄袭过来，传给学生，是教育界的通病。不少先生，看他书房里书架上所摆设的，无非是从前读过的几本旧教科书，就是这几本书，也还未必去温习的，何况乎研究新的学问，求新的进步呢？先生既没有进步，学生也就难以进步了。这样的先生，教学分离，封于故步，不能自新，执教几十年一直过着无限枯寂的生活。好的先生就不是这样，他们必定是一面指导学生，一面研究学问，做到教学相长，因为时常研究学问，就能时常找到新理。这不但是教诲丰富，学生能多得些益处，而且时常有新的材料发表，也是做先生的一件畅快的事体。孔子说："学而不厌，诲人不倦。"真是过来人阅历之谈。因为必定要学而不厌，然后才能诲人不倦；否则年年照样画葫芦，我却觉得有十分的枯燥。

赵克明：先生的说法很人性化。如今在实施新课程的过程中，各方面的因素更为复杂，知识更新的速度更快，对教师的要求较上个世纪更高，无论是年轻教师还是年老教师都要"与新课程一起成长"，要努力适应课程改革的需要，继续学习，更新观念，丰富知识，提高自身文化素养，要认真读书，精心钻研教科书，在与学生平等对话的合作互动中，加强对学生的点拨与指导，实现教学相长，要根据自身的特点和条件，发挥优势和特长，努力形成自己的教学特色，要从学生的需要出发，按照学校的规划，积极开设选修课，充分利用本校本地区的课程资源，拓展学生的学习空间。如此看来，先生您提出的"一面教一面学"显得尤为重要。

陶行知：教育是一个特殊的行当，要想得教育英才的快乐，似乎要把教学合而为一，教育者永远是学习者。

赵克明：听君一席话，胜读十年书。先生之言，使我茅塞顿开，眼前豁亮。我想，我们在新课程实施过程中遇到困惑的时候，认真研读先生您的教育经典，虔诚追踪先生您的教育改造足迹，再来反思我们自己的教育教学实践，眼前就一定能够亮起一盏灯，有这盏灯的照耀，我们一定会走得更自信，更坚实。

📖 大师教育智慧：

陶行知论教育

1. 教育是立国之本。

2. 行是知之始，知是行之成。

3. 真教育是心心相印的活动，唯独从心里发出来，才能打动心灵的深处。

4. 农不重师，则农必破产；工不重师，则工必粗陋；国民不重师，则国必不能富强；人类不重师，则世界不得太平。

5. 所谓健全人格须包括：一、私德为立身之本，公德为服务社会国家之本。二、人生所必需之知识技能。三、强健活泼之体格。四、优美和乐之感情。

6. 手和脑在一块儿干，是创造教育的开始；手脑双全，是创造教育的目的。

7. 想自立，想进步，就须胆量放大，将试验精神，向那未发明的新理贯射过去；不怕辛苦，不怕疲倦，不怕障碍，不怕失败，一心要把那教育的奥妙新理，一个个的发现出来。

8. 教学做是一件事，不是三件事。我们要在做上教，在做上学。不在做上用功夫，教固不成为教，学也不成为学。

8. 要把教育和知识变成空气一样，弥漫于宇宙，洗荡于乾坤，普及众生，人人有得呼吸。

10. 活的人才教育不是灌输知识，而是将开发文化宝库的钥匙，尽我们知道的交给学生。

11. 我们要活的书，不要死的书；要真的书，不要假的书；要动的书，不要静的书；要用的书，不要读的书。总起来说，我们要以生活为中心的教学做指导，不要以文字为中心的教科书。

12. 好的先生不是教书，不是教学生，乃是教学生学。

13. 教育中要防止两种不同的倾向：一种是将教与学的界限完全泯除，否定了教师主导作用的错误倾向；另一种是只管教，不问学生兴趣，不注重学生所提出问题的错误倾向。前一种倾向必然是无计划，随着生活打滚；后一种倾向必然把学生灌输成烧鸭。

14. 教育不能创造什么，但它能启发儿童创造力以从事于创造工作。

（摘选自《中国教育改造》）

安徽省霍邱县霍邱一中　赵克明

9. 对话夸美纽斯：教育要遵循自然的方法

《大教学论》〔捷〕夸美纽斯著，傅任敢 编译，教育科学出版社2001年出版。

夸美纽斯（Johann Amos Comenius，1592—1670），捷克伟大的民主主义教育家，西方近代教育理论的奠基人。他的《大教学论》被广泛地认为是教育学产生的标志。

2010年在深圳召开的"首届尝试学习理论国际研讨会"上，美国瓦格纳教授给了尝试教学法高度的评价——"尝试教学实验研究是当今世界上规模最大的一项教学实验研究"。它改变了传统的注入式教法，把知识传授和能力培养统一起来，引起了教学过程中一系列的变化，将教师讲授，学生接纳转变为在教师的指导下，"先练后讲，先学后教"。但是，学生的尝试必须是在教师的指导下进行，如何妥善设计尝试学习的具体内容，使学生的尝试是有效的呢？今天，我们请来著名教育家夸美纽斯先生谈谈尝试教学法的实践问题。

▲遵循自然的方法和原则才能获得进步

兰良娟：邱学华老师提出的"尝试教学法"越来越受到教育界的青睐，您觉得尝试教学法是否适用于所有的课程？学生"尝试"内容的设计首要遵循的原则是什么呢？

夸美纽斯：很少有人敢说："在若干年月之内，我可以把这个青年教到某种某种程度；我一定用某种某种方法去教他。"所以我们应该看看，我们能不能够把训练才智的艺术奠定在一种坚实的基础上面——只有尽量使艺术的步骤符合自然的步骤才能正确地奠定这种基础，所以我们必须遵循自然的方法和原则，才能获得进步。

兰良娟："自然的方法和原则"具体的含义是什么？

夸美纽斯：我们可以把"自然"理解为事物本身的规律。根据学科自身的特点，结合学生的认知水平，把尝试的具体内容和步骤设计得合乎逻辑规则，这就是自然的原则。

▲高度重视知识领域的一般轮廓

兰良娟：也就是说尝试内容的设计要符合该学科的规律和学生的认知规律，那您能具体说说学生尝试的内容首先应从什么角度入手才更科学恰当吗？我们是否可以避过枯燥的概念原理，让学生直接接触具体的例子开始尝试学习？

夸美纽斯：自然在它的形成过程中都是从普遍到特殊的，就像雕刻家的雕刻步骤一样，拿一块大理石雕成一个粗略的形状，然后更加细心地工作，把最重要的特点雕出个轮廓，最后再最准确地镂出个别的部分，把它们精巧地着上颜色。因此可见，不先把整个知识领域的一般轮廓放在学生跟前就去详细教授科学的各个部门是错误的，谁也不应该这样受到教导去精通知识的某一个部门，而没有彻底懂得它与其余一切部门的关系。

兰良娟：是不是可以理解为：在学生尝试内容的设计上，首先要让学生明确知识的一般概念，特别是整个知识框架和脉络结构。然后才能通过具体的例子让学生尝试学习？

夸美纽斯：是的，比如像语文、数学等学科，首先必须教会学生最简单的原理；其次再把规则和例子放在他的跟前，进一步去发展他的知识，然后学生就可以系统地学习那门学科。

▲自然的一切都是划一的，不要随意变换教学方法

兰良娟：夸美纽斯先生，尝试教学法在文科复习课上的具体操作显然比新授课的效果更为理想。我想根据课型的不同有选择地使用尝试教学法，您对此是如何看待的呢？

夸美纽斯：方法不同是会把青年人弄糊涂，使他们厌恶学习的，因为不仅不同的教师采用不同的方法，甚至每个教师也变换他们的方法。但是一切鸟儿的产生，实际上一切生物的产生，都与你所任意选出的一只鸟儿的产生是相似的。自然的一切作为全是划一的，比如一株树上的一片树叶和其余树叶全都相似，在这方面，它并不是年年改变的。不同的只是次要的细节之处而已。

作为教师，教学方法可以优化，但不要中途改变。如果你从一开始就让学生习惯了尝试教学法，就不要随意变换。可以根据课型的不同在尝试内容设计的细节上不断优化，但不要随意变换教学方法。在尝试内容的设计层面，要遵循自然的原则和方法，尊重学科逻辑的规律和学生的认知水平，重视知识体系的一般轮廓，先交给学生原则、概念和方法，再让学生作具体的尝试。这样才能使我们的尝试教学过程更科学、合理。

📖 大师教育智慧：

夸美纽斯论教育

1. 不要把许多杂乱的词句塞在脑子里，而是要启发了解事物的能力，使得从这种能力之中流泻出来——像从活的泉眼流出一样——一条溪涧

（知识）来。

2. 时间应分配的精密，使每年、每月、每天和每小时都有它的特殊任务。

3. 那些在语文与艺术上久已受到这种陶冶的人们，他们又有几个知道自己应该成为世上其余的人们实行节制、仁爱、谦逊、慈悲、严肃、忍耐与克制的榜样呢！

4. 父母、保姆、导师和同学的整饬的生活的榜样应当不断地放到儿童的跟前。

5. 不学无术的教师，消极地指导别人的人是没有躯体的人影，是无雨之云，无水之源，无光之灯，因而是空洞无物的。

6. 你们不要以为自己有知识就够了，你们要用你们的全力，去增进别人所得的教导。

7. 职业本身就责成一个教师孜孜不倦地提高自己，随时补充自己的知识储备量。

8. 一个能够动听地、明晰地教学的教师，他的声音便该像油一样浸入学生的心里，把知识一道带进去。

9. 学生之所以善恶学问，原因在教员自己身上。

（摘选自《大教学论》）

江苏省扬州市江都区国际学校　兰良娟

创新与实践篇

当前，教师教育正面临转型和创新。中国教育学会名誉会长顾明远先生曾说："教师已经不是像几十年以前那样，有知识就能当教师、当一名教书匠，而是要有渊博的知识、高尚的品质、高超的教育艺术，做一位研究型、反思型、创新型的教师。"

可以说，创新的时代呼唤教育创新；只有教育创新才能培养创新人才。

对于今天的教师而言，教育创新，就是要继承和发扬优秀的教育思想、制度和方法，改革一切不符合当今时代的教育思想、制度和方法，创造出新的教育传统。

我们知道，教育创新不是一句口号，而是要扎扎实实地工作。创新离不开实践，要认真研究教育改革和发展中的实际问题，深入探索新形势下教育发展的规律。我们只有在传承的基础上进行创新，创新才会有生命力。没有继承，形成不了传统；没有创新，传统就会失去时代的意义。

与佐藤学、皮亚杰、陶行知等中外教育大师进行一次穿越时空的对话，就是要让老师们学会在保持自己的优秀传统的同时，不断创新。

1. 对话佐藤学：教育需要"深耕细作式"的专注与细致

《静悄悄的革命——创造活动、合作、反思的综合学习课程》〔日〕佐藤学 著，李季湄 译，长春出版社2003年版。

佐藤学（Manabu Sato，1951—），东京大学教育学博士，东京大学研究生院教育学研究科教授，同时他还兼任美国国家教育科学院外籍院士、日本学术会议会员、日本教育学会前会长、日本教育哲学学会常务理事等职，从事课程论、教学论、教师教育等领域的研究。作为"付诸行动的研究者"，他遍访日本全国各地学校，深入课堂，与教师一同研究教学，倡导创建"学习共同体"。他是日本学校教育最有影响力的人物之一。

▲操之过急的改革，对学生、对教师都没有好处

刘关军：佐藤学先生，您好！我所在的学校正在深入开展"课内比教

学"。这项正在湖北省大力推进的活动,最重要的做法就是,所有学校,全体教师,全部课程,都开放教室。

我发现,您在《静悄悄的革命》中指出:"改变学校的第一步,就是在校内建立所有教师一年一次的、在同事面前上公开课的体制。""课内比教学"的相关做法,与之有异曲同工之处。

那么"课内比教学"该怎样使学校在内部发生一场真正的"静悄悄的革命"?据您在日本学校内的观察,可能有哪些做法会在基层走样,违背了"让学校转变"的初衷?

佐藤学:首先,我们要警惕,"课内比教学"在基层可能会异化为一场"疾风暴雨式"的运动。

学校的转变,教育的改革,从来就应该是慢的艺术。"操之过急的改革,对学生、对教师都没有好处。"学校是个顽固的组织,要让学校转变,"至少需要三年时间",我甚至以为"三年也未必能改变成功"。

▲教育只有在耐心与坚持中才能有真正的沉淀和积累

刘关军:当前的"课内比教学",就我所知,很多学校、校长、教师,都以为它只是一项不会"持久"的"运动",身处于"运动"的风暴眼,他们"迫于压力"而消极应对,"运动"过后,一切又会恢复原样。为什么会出现这样的状况?

佐藤学:因为我们的教育往往太"急功近利",过于急切地盼望着出成效、成正果,能够"立竿见影",缺乏应有的悠闲与从容。

"这场革命要求根本性的结构性的变化。仅此而言,它就绝非是一场一蹴而就的革命。因为教育实践是一种文化,而文化变革越是缓慢,才越能得到确实的成果。"可惜的是,很多学校、校长、教师,"遗忘"了教育是农业,而不是工业。他们以为,学校也是可以"跨越式"发展,"跳跃式"前进的,教育改革也有一条"高速公路"。

当教育只剩下"快"的时候,我们就看到,很多教师的"开放教室",其实就是当一次"一年做一次法国大菜的教师",上一节集中各种优质资源和教师全部精力的、包装的、精心准备的优质课、示范课、"表演课"；而不是"变成每日三餐过问柴米油盐，并能做出美味菜肴的教师"，"把那种期待学生会发生戏剧性变化的教学转变为不间断的可持续培育学生的教学"。

刘关军：是的，当前的"课内比教学"正日益异化成一场"轰轰烈烈"的应景活动：一个月就可以"完成"开放教室，两个月就可以"形成""合作性同事关系"，三个月就可以向校外开放、向家长开放、向社区开放，大概不要一学期，"课内比教学"就会取得"丰硕的成果"，而值得"推广经验"了。由于"快"，组织者所担心的事情——"不要因为开展这项活动，打乱学校正常的教学秩序"——正在不幸地轮番"上演"。

佐藤学：教育需要耐心，需要"深耕细作式"的专注与细致，"课内比教学"也概莫能外——慢工出细活，教育作为文化事业的一部分，只有在耐心与坚持中，才能有真正的沉淀和积累，才能给学生多"剩下"些有用的东西，给学校多"剩下"些有用的东西。

▲学校不经意间发生了"静悄悄"但同时又是翻天覆地的"革命"

刘关军：您曾经认为，三年改变学校的方略能否取得成功，最大的难关是校长。"如果校长对改革持消极态度，那么就算用了三年，最终也是徒劳"。然而，在一些校长的心目中，当前最重要的依然不是把目光投向课堂、投向教师、投向每一个具体生动的孩子，而是安全，以及其他非教学类事务。

佐藤学：这说明，部分校长依然未进入"教育思想的领导"角色。校长们在此次"课内比教学"的领导依然是行政的领导，而不是教育思想的领导。其实，只要把校内教研活动作为学校运营的重点，学生就会"静悄悄"地改变，安全事故也会远离校园，而这也正是教学教研被称为学校的核心事件和关键事件的缘由。

刘关军：您的这番话，让我想起了您曾经讲过的一个例子。东京都内一所中学，确定了以教学改革为中心的学校改革计划，仅仅花了两年时间,"校内的一切暴力事件都销声匿迹了",而且,"无论走进哪个教室,学生之间都真诚的互相学习,每个学生的表情都是那么的积极而富有个性"。

佐藤学:因为那个校长把校内教研活动作为学校运营的重点,所以学校不经意间发生了"静悄悄"但同时又是翻天覆地的"革命"。我有点好奇的是,在"课内比教学"中,校长们率先开放教室了吗?

▲开放教室就是所有的老师都站在"平等的立场上"共同创造教学方式

刘关军:当前,很多校长不代课,不上课,已是常态。这次"课内比教学",有的校长即便上公开课,也是待其他教师开放教室后,才扭扭捏捏地开放教学;"下次公开课我来上"的情形,更是鲜见。我曾亲眼看见一位校长,在镇级的教学比赛中,自己不愿参加,而是强行"推荐"其他教师上课。

佐藤学:命令式的要求,教师可能会听从,但一定会在开了一下门之后马上就将门关得更严实,说不定还会再加上一把锁,想要再打开这扇门,就更难了。而只要有一位教师锁上门,其他教师也一定会"前仆后继",其间的责任,当然得"归功"于校长的负范本。

刘关军:校长们为什么不愿意全天候地开放教学?

佐藤学:其实就是因为很多校长,由于官本位思想作祟,在学校采取威权管理模式的惯性使然。他们往往只是高高在上,摆出一副官老爷的架势和教师"说话";而不肯俯下身来,"民主主义"地和教师平等"对话",把潜藏在沉默背后的声音编织成语言的合作性行为——在学校,语言似乎是单向的流水一样,基本是从上级教育管理部门流向校长,从校长流向教师,再从教师流向学生和家长。

刘关军:您在《静悄悄的革命》一书中曾经指出,开放教室,就是所有的老师都站在"平等的立场上"共同创造教学方式。那么,如何让所有的教师都站在"平等的立场上"?

佐藤学:当务之急,就是校长回归到"教师"这第一身份,回归到学校的首席教师,教师的教师的位置。校长率先开放了教室,教师焉能不开放教室——毕竟,开放教室在每位教师的教育生涯中,从来就不是什么新鲜事物,它只是"老传统焕发新魅力"罢了。

刘关军:除此之外,您对"课内比教学"还有什么提醒?

佐藤学:我担心构建"教研文化"这一要务在"课内比教学"中被忽略了。

学校改革的最大障碍来自"墙壁的阻隔"和"学科的阻隔"。要彻底粉碎"教室的墙壁、学科的隔阂"这一学校内部同事间的"权力关系",清除教师的陋习,就必须充实教研活动,打造全新的"教研文化",让所有教师都能愉快参加教研活动,让教师在打开教室的门之后心甘情愿地接受再一次的公开评论,让其他教师也自觉地产生"下次公开课我来上"的愿望。那么,你观察到的校内教研活动,是怎样操作的呢?

刘关军:此次"课内比教学",所有教师至少都上了一节公开课。很多教师也参与了"听课、评课"。但我发现,很多听课的教师依然是在教室后面坐成一排进行观察的,"是以授课教师的教学方法为观察中心的"。听课后的评议,要么是你好我好大家都好,要么是对授课教师"评头论足、一味指责别人的缺点",要么仅仅是给执教教师"打分"——学生的成长和变化是在"比武"中被淡化的,被遮蔽的,或者说学生似乎只是个"舞台",几乎是没有被"看见"和"听见"的。

▲来一场真正的"静悄悄的革命"是值得等待的

佐藤学:"观摩课和校内教研的中心应该是教师对待每个学生的态度问题"。开放教室的目的,不是上出精彩的课,而正相反,授课技术拙劣一点也无所谓,失败多次也无所谓,最重要的是构建润泽的教室。在润泽的教室里,教师和学生都安心地轻松自如地构筑着人与人之间的关系,构筑着一种基本的信赖关系,即便是耸耸肩膀拿不出自己的意见来,每个人的存在也都能得到大家自觉的尊重和承认。

刘关军:那么,您的意思是不是指,不只听老师如何讲课,而是要观察教师是否从"以教师为中心"转变为"以学生为中心";观察在具体的教学情境中教师和学生如何应对,教师是否把学置于教学的中心,创设以"听"为中心的教室;观察教师是否采用了"量体裁衣"似的教学和"交响乐团"似的教学?

佐藤学: 你说的对。还有一点我需要提醒的是,听课后的研讨,也不是拿"比教学"当作优质课比赛对待,其目的也"绝不是对授课的情况进行评价,因为对上课好坏的议论只会伤害彼此",而是"互相谈论这节课哪里有意思,哪里比较困难,学生有哪些表现,并通过相互交谈让学生学习时的具体样子重新浮现出来"。

简言之,就是要由"听课评课"转变为"观课议课"。如此,教研范式转换了,才会打破"不想在同事面前暴露自己的弱点,不愿意自己的工作方式被别人指手画脚","我不会对别人的事说长道短,也不希望别人来干涉我的工作",这种"私下默契"的状态,从而把许多陋习一并清除、克服,让所有的教师超越自我,围绕创造性教学和教研制度形成作为专家的教师们之间互相培养的"合作性同事"之间的关系。

当然,"课内比教学"只是"改变学校"的第一步。"静悄悄的革命"之后的路还很长。那么,向更美好的未来张看,来一场真正的"静悄悄的革命",是值得等待的,因为"等待"意味着我们相信"被等待者"一定会抵达,"它几乎就是一条被反复验证的规律,每一次都没有例外,这一次仍然是这样"。

📖 大师教育智慧:

佐藤学论教育

1. 善于学习的学生通常都是善于倾听的儿童,只爱自己说话而不倾听别人说话的儿童是不可能学得好的。……学习,是从身心向他人敞开,接纳异质的未知的东西开始的,是靠"被动的能动行为"来实现的行为。

2. 在以学为中心的教学中,教师的精力集中在深入地观察每个学生,提出具体的学习任务以诱发学习,组织交流各种各样的意见或发现,开展多样化的与学生的互动，让学习活动更为丰富，让学生的经验更深刻。

3. 倾听这一行为，是让学习成为学习的最重要的行为。善于学习的学生通常都是擅长倾听的儿童。只爱自己说话而不倾听别人说话的儿童（人）是不可能学得好的。

4. 在教室里，倾听的能力培养起来之后，课堂的言语表现才会变得丰富起来，而不是相反。

5. 要充分发挥学生的主体作用，调动学生的自主性。

6. 教育实践是一种文化，而文化变革越是缓慢才越得到确实的成果。

7. 学校应该成为学习共同体，要建设润泽的教室。润泽的教室给人的感觉是教室里的每个人的呼吸和其节律都是那么的柔和。在润泽的教室里，教师和学生都不受主体性神话的束缚，大家安心地轻松自如地构筑着人与人之间的关系，构筑着一种基本的信赖关系，即便是耸耸肩膀拿不出自己的意见来，每个人的存在也都能得到大家自觉的尊重和承认。润泽教室的条件是首先让所有学生非常安心地在教室里学习；其次要培养学生的想象力和创造力。

（摘选自《静悄悄的革命——创造活动、合作、反思的综合学习课程》）

湖北省松滋市王家桥小学　刘关军

2. 对话苏霍姆林斯基：儿童的智慧在他的手指尖上

《给教师的建议》〔苏〕苏霍姆林斯基 著，杜殿坤 编译，教育科学出版社1984年出版。

瓦·阿·苏霍姆林斯基，（1918—1970）苏联著名教育实践家和教育理论家。他从17岁即开始投身教育工作，直到逝世，在国内外享有盛誉。出生于乌克兰共和国一个农民家庭。1936至1939年就读于波尔塔瓦师范学院函授部，毕业后取得中学教师证书。1948年起至1970去世，担任他家乡所在地的一所农村完全中学——帕夫雷什中学的校长。自1957年起，一直是俄罗斯联邦教育科学院通讯院士。1968年起任苏联教育科学院通讯院士。1969年获乌克兰社会主义加盟共和国功勋教师称号，并获两枚列宁勋章、1枚红星勋章、多枚乌申斯基和马卡连柯奖章等。

▲教给儿童用左、右手都会工作

王明姐：苏霍姆林斯基老师，您好！很高兴在这里能够与您对话，我想向您请教一下：孩子们平时的写字、画画、劳动都是用右手完成的，这在某种程度上是不是忽略了左手的能力呢？

苏霍姆林斯基：人的发展的历史过程造成这样的结果：那些与思维相联系的，在手指尖上体现出思维的最"聪明"的劳动操作，都是由右手来完成的。左手在完成创造性劳动过程时只起着辅助性作用。我们用右手来握工具，用右手来捏钢笔和铅笔，画家用右手来创作出不朽的绘画作品。

人单靠右手就上升到了他已经达到的智力素养的高峰。但是，如果所有的人单靠右手掌握的那些极精细的劳动动作能够同时也是左手的功劳，那么某些人的劳动技巧、劳动艺术和智力发展就能改善得更加迅速。这里谈的不仅是劳动教育还有另一个先决条件的问题。而且是说，在手和脑之间有着千丝万缕的联系，这些联系起着两方面的作用：手使脑得到发展，使它更加明智；脑使手得到发展，使它变成创造的聪明的工具，变成思维的工具和镜子。我的多年的经验证明，如果最精细、最"聪明"的劳动动作不仅是右手的，而且也是左手的功劳，那么上述这些联系的数量就会增加，聪明的经验就会由手传导到脑，而这些经验是反映各种事物、过程和状态之间的相互作用和相互关系的。这一结论是靠经验得来的，但是它反映了一条现实存在的规律性：借助双手的创造性劳动活动而领会和理解了的相互作用，会给思维的活动带来一种新的质：人能够用思维的"眼光"一下子把握住许多相互联系的现象的链条，把它们看成一个统一的整体。

王明姐：听了您的一席话，我受益匪浅。正如您所说借助双手的创造性劳动活动而领会和理解了的相互作用，会给思维的活动带来一种新的质：人能够用思维的"眼光"一下子把握住许多相互联系的现象的链条，把它们看成一个统一的整体。那么您在实践过程中，孩子们用左右手工作都产生了哪些意想不到的效果呢？

苏霍姆林斯基：我在七年的时间里教给孩子们（由7岁到14岁）用

双手工作。他们学会了两手各拿一把刀具,学会了用右手和左手装配复杂模型的部件,学会了用左手和右手在木料车床上工作。我看到,在这些孩子的活动中,创造性的因素逐年地有所发展。这些孩子的创造性的典型特点,就是不断产生新的构思和具有发明创造精神。会用双手从事劳动的能工巧匠们,似乎在同样的一个现象中,能够比只会用右手工作的人看到更多的东西。在用工具加工材料时,我的这些学生表现出的特点,就是劳动动作极其精细、柔和,可塑性大。他们都爱上了自己从事的"聪明的"创造性劳动。

▲训练儿童流利书写的有效方法

王明姐:阅读和书写一直都是语文课堂常抓不懈的两项技能,那么,依据他们在小学阶段的年龄特点,您觉得应该运用什么样的方法训练更加有效呢?

苏霍姆林斯基:阅读和书写是学生的两种最必要的学习工具,同时也是通往周围世界的两个窗口。学生如果没有流利地、快速地、有理解地阅读和流利地、快速地、半自动化地书写的技能,那么他就像半盲目的人一样。我认为一项很重要的任务就是,早在三年级,最迟在四年级,就要使学生能够笔不离纸地写出较长的词,能够眼睛不看练习簿地写出词甚至短句来。书写过程的半自动化是提高读写水平以及全面地自觉掌握知识的极为重要的条件。学生应当不再思索这个或那个字母怎么写法以及各个字母怎样连接,只有在这样的条件下,他才有可能去思考怎样运用语法规则和他所写的东西包含什么意思。这种流利书写的技能还能逐步地训练出运用语法规则的半自动化技能:儿童已经不必去思考某一个词应当怎样写,因为他已经多次地写过这个词了。

所有这一切——快速地书写字母和词,首先要求对手的小肌肉进行一定数量的操练性练习。多年的经验证明,这种练习应当比写字先行一步。我的意思是说,先要让手(包括右手和左手)做一些精细的劳动动作。在入学前的一年时间里,就应当让儿童做这样一些作业,如用小刀(雕刻刀）和剪刀雕刻和裁剪纸板和纸张，雕刻木料，编结，设计和制作小型的木质模型等。精细的劳动动作能训练手指动作的协调和节奏，形成手指的灵巧性和对小图案（实质上字母也相当于这种小图案）的敏感性。

还应当尽力使小孩子的劳动动作成为一种审美的创造活动。在儿童制作的物品中，要多让他们重复圆形的、椭圆形的、波浪形的线条，让他们从小就习惯于进行那些要求高度机敏性的精细而平稳的动作。

经验证明，如果儿童完成过足够数量的精细的劳动动作，那么他就在相当大的程度上作好了流利书写的准备。当然，有系统的书面练习还是不可缺少的。

▲培养儿童对图画的爱好

王明姐： 在教学实践中，我发现一个问题：无论多么调皮的孩子，多么腼腆的孩子，他们都喜欢画画，画画使他们安静，充满了无穷的想象力！不知道您是怎么看待这个问题的？

苏霍姆林斯基： 根据在小学里对儿童进行教育的经验，我看到图画是发展创造性思维和想象力的手段之一。我坚定地相信，儿童的图画是通往逻辑认识的道路上必不可少的阶梯，至于图画有助于发展对世界的审美观点，那就更是不言而喻了。

开始时，我先教儿童写生。我们画树木、花草、动物、昆虫、鸟类。不管图画的结构是多么简单，它里面总要反映出感知、思维、审美评价的个人特征的。有一次我们画长着三叶草的田野。有些孩子力求把整个开满鲜花的田野、云彩、蔚蓝的天空、歌唱的云雀都统统画进去。在另外一些孩子的画里，我看到画的是一株开花的三叶草和落在花瓣上的一只蜜蜂。而另外一个女孩子，整个画面上画的就是一只蜜蜂的翅膀、三叶草盛开的花朵的一片花瓣和太阳……

我们又专门组织了几次旅行，到"思维的发源地"（自然界）去，以便使儿童对周围世界的感知充满鲜明的审美情感。我们在湖边上画朝阳和晚霞，在草地的牧场上画晚上的篝火，画候鸟飞向温暖的远方，画春汛的情景。我高兴地看到：儿童把那些使他们激动、赞叹和惊奇的东西描绘下来，这就是他们对周围世界的一种独特的审美评价。当儿童在画那些体现着美的事物时，他们对美的感受也表现了出来，激发着儿童的形象思维的觉醒。

我逐渐地、一步接一步地教给儿童一些基本的画图技能，孩子们学会了表现光亮、阴影和透视。早在一年级，创造性就在儿童的绘画里占有重要的地位。孩子们在图画里编故事、童话。图画成了施展创造性想象力的源泉。我深信，在教学过程中发展的想象活动与儿童的言语之间有着直接的联系。可以毫不夸张地说，图画能"打开话匣子"，它能让平时沉默寡言的、非常腼腆的儿童都开口说话。

王明姐：的确如您所说，他们用绘画的方式表达自己的内心感受，在生活中发现美的事物，我还发现有一些同学已经能够根据童话故事的情节进行想象绘画了，那么您觉得培养孩子们的绘画对他们学习其他的课程有帮助吗？

苏霍姆林斯基：在二、三、四年级，儿童开始把图画用到创造性书面作业（如根据对自然现象和劳动进行观察所得的材料写的作文）里去。我发现，当儿童找不出确切的、恰如其分的词语来表达自己的思想时，他就求助于图画。有一个男孩子，他很想表达出自己在刺猬的"食物仓库"里看到那些"宝藏"时的惊奇心情，他就把这些"宝藏"画了下来，其中有苹果、土豆、青的甜菜叶，各种颜色的落叶等。

我觉得，离开了绘画，地理课、历史课、文学课、自然课就很难上。譬如说，我在讲解遥远的大陆——澳大利亚的植物群和动物群时，我就很快地在黑板上画出许多植物和动物。这样做并不打断儿童的思路，同时还能支持他们的想象力的活动。在历史课上，我一边讲述，一边用粉笔在黑板上勾画古代人的服饰、劳动工具、武器等。经验告诉我，在历史课上（特别是四、五年级），在讲述过程中随时画些情节画起着很大的作用。例如，讲到斯巴达克斯起义时，我就在黑板上画出设在山顶上的起义者的军营。这种在讲课过程中随手画下来的图画，比起现成的，甚至比起彩色的图画来都有很大的优点。在低年级的数学课上，有时候还有必要把应用题画出来。

📖 大师教育智慧：

苏霍姆林斯基论教育

1. 使学问真正深入到我们的血肉里去，真正地、完全地成为生活的组成部分。

2. 一个有学识的、善于思考的、有经验的教师，他并不花很长的时间去准备明天的课，他直接花在备课上的时间是很少的。……但他确实一生都在为上好一节课而准备着。他的精神生活就是不断地丰富自己的头脑。他永远不会说：我的知识已经积累够用一辈子了。知识是活的东西，它永远在更新。知识也在陈旧和死亡，就像人有衰老和死亡一样。教师要成为学生的知识的源泉，就要永远处在一种丰富的、有意义的、多方面的精神生活中。

3. 教师既要激发儿童的信心和自尊心，又要对学生心灵里滋长的一切不好的东西采取毫不妥协的态度。真正的教育者就要把这两方面结合起来。这种结合的真谛就是教师对学生的关心。

4. 兴趣的源泉还在于运用知识，在于体会到智慧能统帅事实和现象，人的内心里有一种根深蒂固的需要——总想感到自己是发现者、研究者、探寻者。在儿童的精神世界中，这种需求特别强烈。但如果不向这种需求提供养料，即不积极接触事实和现象，缺乏认识的乐趣，这种需求就会逐渐消失，求知兴趣也与之一道熄灭。我认为，不断扶植并加深学生想成为发现者的愿望，并通过特殊的工作方法实现他的这一愿望，是一项十分重要的教育任务。

5. 对语言美的敏感性，这是促使孩子精神世界高尚的一股巨大力量。这种敏感性，是人的文明的一个源泉所在。

6. 求知欲，好奇心——这是人的永恒的，不可改变的特性。哪里没有求知欲，哪里便没有学校。

7. 有经验的教师总是牢记着亚里士多德的那句名言：思维是从疑问和惊奇开始的。

8. 我们依靠思考，也只有依靠思考，才能驾驭年轻的心灵。我们的思考能点燃学生的学习愿望。我们的思考能激发学生对书籍不可遏止的向往。

（摘选自《给教师的建议》）
广东省深圳市龙华新区松和小学　王明姐

3. 对话康德：儿童教育要给孩子自由

《论教育学》〔德〕伊曼努尔·康德 著，赵鹏 译，上海世纪出版集团2005年出版。

伊曼努尔·康德（Immanuel Kant，1724—1804），出生于柯尼斯堡，德国哲学家、德国古典哲学创始人。他被认为是对现代欧洲最具影响力的思想家之一，也是启蒙运动最后一位主要哲学家。其一生深居简出，终身未娶，过着单调刻板的学者生活，直到1804年去世，也从未踏出过出生地半步。

▲对儿童应及早地施行教育

刘艳玲：康德先生，很多人知道您是大哲学家，却不晓得您也写过教育学方面的文章。

康　德：呵呵，人之为人，端赖于教育。除了教育在他身上所造就出的东西外，他什么也不是。

刘艳玲：在当下中国，有很多父母一方面对孩子娇生惯养，一方面又因为不想让孩子"输在起跑线上"而非常焦虑。您怎么看这个问题呢？

康　德：人不能总是任性而为，要对儿童及早地施行教育。如果人在幼年时被放任自流，那么他可能就终身都有某种野性。这种野性不受法则的规约。那些从小被父母娇生惯养的人是无可救药的，因为一旦他们踏进社会，就会越来越多地受到来自四面八方的阻力和打击。

但教育的最初阶段必须只是否定性的，也就是说，一定不要在自然的安排上再增加什么，只要不妨碍自然就行了。所谓的"起跑线"是谁规定的呢？这些竞赛多半是以当世的标准来衡量的，但孩子们不应该被以人类的当前状况，而是应该以人类将来可能的更佳状况，即合乎人性的理念及其完整规定——为准备进行教育。这一原理有极大的重要性。父母在教育孩子时，通常只是让他们适应当前的世界——即使它是一个堕落的世界。但实际上他们应该把孩子教育得更好，这样才可能使之在将来有一个更佳的状态。

刘艳玲：这个应该是超越于当世的道德价值。但当今世界竞争如此激烈，父母们为了让孩子进入社会后有更强的竞争力，本着"艺多不压身"的信念，拼命让孩子学习各样技能。

康　德：技能应该为更高的目的服务。关注技能以求生存，这个没错。但不应停留于此，而应更关注人性的发展。否则，仅有精深的技能，很容易沦为他人的工具。

刘艳玲：也就是说，人之为人，不能单靠技能，还需要有道德。

康　德：是的。问题首先在于让孩子们学会对那些一切行动由之而出的原则进行思考。会思考的人才能拥有更多的自由。

▲应该让儿童习惯于忍受对其自由所施加的限制

刘艳玲：那么人怎样才能把服从法则的强制和运用自由的能力结合起

来呢？换句话说，怎么用强制培养出自由？

康　德：这个问题很关键。应该让儿童习惯于忍受对其自由所施加的限制，并应同时指导他去良好地运用其自由。不这样的话，一切都是机械性的。离开了教育，人就不知道如何运用其自由。他应该尽早感受到来自社会的不可避免的阻力，以便认识到为了独立而谋生和奋斗是多么艰辛。

刘艳玲：您能具体说一下吗？

康　德：具体来说，必须注意以下几点：（1）应该从孩子一进入童年开始，就在各方面都给他以自由，只要他没有妨碍别人的自由，比如大喊大叫以致影响到别人（只有在他可能会损害自己的身体的情况下例外，比如他要去抓锋利的刀刃时）。（2）必须向他表明，只有在他让别人也实现自己的目的时，才能达到他自己的目的。（3）必须向他证明，对他施加一定的强制，是为了指导他去运用自己的自由；人们对其进行培养，是为了有朝一日能够让他获得自由，即不再需要他人的照料。

📖 大师教育智慧：

康德论教育

1. 对一种教育理论加以筹划是一种庄严的理想，即使我们尚无法马上将其实现，也无损于它的崇高。人们一定不要把理念看作是幻想，要是因为实行起来困难重重，就只把它看成是黄粱美梦，那就败坏了它的名誉。

2. 一个理念无非是关于一种在经验中无法遇见的完美性的概念。比如关于一个完美的、按照正义的规则统治的共和国的理念，它难道因此就是不可能的吗？我们的理念首先必须是正确的，然后它才绝非是不可能的，无论在其实行过程中会有多少障碍。比方说，假如（现实中）每个人都说谎，那么"说真话"就因此而只是一种奇思异想吗？所以，那种要把人的所有自然禀赋发展出来的教育理念，当然是真实的。

3. 教育最复杂的任务之一，就是把服从法律的强制性与教育孩子善于动用自己的自由权利结合起来。孩子只要不做有害于自己和他人的事，就应当让他们有行动的自由，不要硬去改变孩子的意愿。要让孩子懂得，他们只有为别人提供达到目的的可能性,才能达到自己的目的。

4. 对孩子的要求,如果没有充分的理由加以拒绝,就应该给予满足;如果有不答应这种要求的理由,那就不允许他耍赖。一旦拒绝,就不要改变。

5. 天才是创造不能按既定规则去创造的那种东西的才能,它不是可以根据某种规则而学习到的那种技巧本领,因此,独创性必然是天才的基本特性。

(摘选自《论教育学》)

山东省烟台市第二中学 刘艳玲

4. 对话夸美纽斯：教与学有机结合才能实现教学过程最优化

《夸美纽斯教育论著选》〔捷〕夸美纽斯 著，人民教育出版社 2005 年版。

夸美纽斯（Johann Amos Comenius, 1592—1670），捷克伟大的民主主义教育家，西方近代教育理论的奠基者，出身于一磨坊主家庭。年轻时被选为捷克兄弟会的牧师，并主持兄弟会学校。三十年战争（1618～1648）爆发后数十年被迫流亡国外，继续从事教育活动和社会活动。他尖锐地抨击中世纪的学校教育，号召"把一切知识教给一切人"。提出统一学校制度，主张普及初等教育，采用班级授课制度，扩大学科的门类和内容，强调从事物本身获得知识。主要著作有《母育学校》《大教学论》《语言和科学入门》《世界图解》等。

▲关于教学过程最优化

陆青春：您关于教学过程最优化的研究成果在您的教育研究中占了最大的比重。您能不能告诉我们"教学过程最优化"的理论内涵呢？

夸美纽斯：所谓"教学过程最优化"，我认为是在全面考虑教学规律和原则、现代教学的形式和方法，以及该教学系统的特征及其内外部条件的基础上，组织对教学过程的控制，以保证过程（在最优化的范围内）发挥在一定标准看来最有效的作用。为了澄清在教学过程最优化概念问题上的模糊认识，我多次从不同的侧面对这一概念进行了论述。

首先，教学过程最优化不仅要求科学地组织教师的劳动，还要求科学地组织学生的学习活动。因此，把"最优化"理解为单指教师的工作，是片面的。

其次，当谈论最优化时，必须强调指出，这里所说的尽可能最大的效果并非泛泛而谈，乃是针对一所学校或一定班级现有的具体条件而说的。因此，教学过程的最优化不是泛泛地谈理想，而是具体条件下的最优化。

再次，教学教育过程的最优化并不是一种什么新的教学形式或教学方法，而是教师工作的一项特殊原则。

最后，用教学过程最优化的原则组织师生的活动时，不单纯是提高它的效率，而且是要达到最优的，即对该条件来说是最佳的结果。

换句话说，所谓教学过程的最优化，就是要求将社会的具体要求与师生的具体情况和所处的教学环境、条件以及正确的教学原则几方面结合起来，从而选择和制订最佳工作方案（即教案），并在实际中坚决而灵活地施行之，最终达到最佳的教学效果。

陆青春：那么什么是教学最优化方式体系？

夸美纽斯：教学最优化方式体系包括两个有机组成部分：一是教师的最优教授方式，一是学生的最优学习方式。

陆青春：您不仅提出了教学过程最优化的理论，而且把这一理论应用于教学实践，形成了一套行之有效的教学程序。这个程序的基本环节是怎样的？

夸美纽斯：这个程序共有四个基本环节：合理设计教学任务；选择解决教学任务的最合理方案；实施所选择的教学方案；评价教学效果和分析所花费的时间、精力与费用。

▲教学过程要符合学情

陆青春：我是一名小学语文教师，现在各种推门课、研究课、大赛课上，执教老师往往是担心所遇到的"这个班的学生"水平是不是能适应自己的教学设计。在一定程度上，这些教师往往就在"撞大运"，如果学生的学力与自己的教学设计"合拍"，教学就顺利推进；反之，就很难顺利进行（除非这位教师马上改变、调整教学设计）。请问您对这种现象有何看法？

夸美纽斯：教学过程应该符合学生的学习需要和学习规律，应该符合学生的身心发展和认知规律，应该是快乐与成长相伴的过程，应该是科学的、顺畅的、自然的。我在前面讲过：教学过程最优化是在全面考虑教学规律和原则、现代教学的形式和方法、该教学系统的特征以及内外部条件的基础上，为了使过程从既定标准看来发挥最有效的（即最优的）作用而组织的控制。大量事实证明，学生若在一个复杂、繁多、深奥、玄妙的教学过程中进行学习，思维的连续性遭到破坏，不能深入有效地进行持续思考，而且容易出现走神、开小差等不遵守教学纪律现象，长期下来学生将养成厌学的习惯和浮躁的性格。

我始终认为：考察语文教学效率的标准之一，应该是学生积极主动参与的程度。在一堂课上，如果70%以上的学生以主人翁的姿态，积极主动地参与语文教学的全过程，这就可以说是一堂高效率的课。因此，教师在设计教学环节的时候能"优化"，必须在搭好课文教学最基本的骨架——解决教学重难点的基本过程后，再相应地安排其他的教学内容。这不但有利于把握教学的层次性目标，使课堂教学更有条理，还有利于突出教学重点，防止在进行教学流程构想时，因为其他因素的干扰而淡化重点，更有利于集中精力,在重点问题的解决中,能让学生拥有整块的教学时间去朗读、去感悟、去思考、去体验,真正地体现以生为本的教学思想。

具体到一篇课文的教学来说,突出体现这几个教学环节就可以了:初读感知→精读理解→熟读迁移。从初读到熟读迁移阶段,重在引导学生感悟,主要是通过范文语言的迁移运用,让学生学会举一反三,逐步地形成对语言文字的悟性。有了这种悟性,亦必将迁移于表达,使学生懂得分辨语言中的优劣高下,逐步达到准确、得体、生动地运用语言。

陆青春:有的教师认为,我们使用的人教版教材是全国统一编印的,教学内容已经是编好了的,如何实现教学内容的最优化呢?

夸美纽斯:我认为可以从以下四方面考虑:

第一,要深入分析教材的内容,并判断它是否能够全面地完成该课的教学任务。通过钻研、通读教材,如果发现必须充实教材内容,那么,教师就必须借助教学参考书和有关该学科的科普读物予以解决。与此同时,还应使教材内容现实化,即以反映科学、技术和社会文化生活发展的最新例子、事实等,来充实教材内容。在内容上考虑学生日常的生活环境和自然环境的特点,这是教学内容现实化的一个方面。依靠学生周围现实中所熟悉的事实、例子,探讨和完成课上所学问题的作业,可以同时完成以下教学任务:保证教学与生活相联系,促进学生的职业定向;让学生利用已有的生活经验来掌握知识,从而保证提高既定时间内的教学效果和质量,而这正符合最优化的目的。

第二,从选择出来的内容中找出最主要的、最基本的、最本质的内容,以便在讲解教材内容时、在练习时,甚至在下一课提问学生时,把注意力集中在这些教学内容上。

第三,进行学科间协调是课堂教学内容最优化的一个最重要的手段。学科之间教材不协调会产生以下不良现象:降低教学效率,花费过多的教学时间。还会有以下恶劣后果:一方面是教材过多重复(在乡下学校进行教学视导时发现,有的学校编印的《学生应背古诗》,与课本上的内容重复);另一方面又很少考虑学生已经掌握的相关学科的材料,依靠这些材料，本来是可以简化教学，加速获得所期望的成果的。在解释某些概念时，学科之间不能协调一致，有碍于学生掌握这些概念，使他们不能理解不同学科应用一些概念的特点。

第四，按照规定给该课时的教学时间来安排教学（一节课或几节课）的内容，教师必须确定新授教学内容的每一部分所需的时间，如果发现讲授参与性和例证性材料的时间不够，那就从中选出最必要的内容进行讲解，其余的内容可以留给学生自学。

陆青春：您的教育教学过程最优化对当下教育改革有什么启示？

夸美纽斯：我觉得有以下几点启示：

一是对减负问题的解决有一定借鉴意义。自从实施素质教育以来，国家提出要减轻中小学生学业负担，为了响应国家的号召，各个学校都在一定程度上缩短了学生的在校时间，但学生的学业负担并未因此而减轻，学生的"家庭作业"并未减少，家长也没有轻松下来。为了真正提高教育教学的效率，我们不妨先研究教学过程最优化理论，在尊重国情的基础之上合理借鉴教育教学过程最优化理论，对教学程序的四阶段、四步骤进行合理借鉴，摸索出适合于我们自身的教学程序，有效提高教师课堂教学的效率，减轻学生的课外负担，让学生从重复、无用的作业中解脱出来。

二是全面系统地研究教学过程，提高教学质量。传统教育学虽然在一定程度上揭示了教学的规律，但也有明显的不足，其不足就在于没有全面而系统地考察整个教学过程，而是片面、孤立地研究教学的某一方面，忽视了教学各因素之间的相互联系、相互作用，因此造成了许多形而上学的弊病。特别是把复杂的综合的培养人的教学过程，看成一个简单的知识授受过程，这显然是片面的。要使教学最优化，就必须以辩证的系统方法看待教学过程，所谓辩证的系统观点就是必须把教学过程的所有成分、师生活动的内外条件都看成相互联系的东西并自觉从中选择出在当前条件下，教学任务、内容、形式和方法的最好方案。只有这样才能提高教学质量。

三是重视教学的有效性。教学的有效性是指一段时间的教学后，学生获得的具体的进步和发展。有效教学是指教师通过教学过程的有效性、成功的引起、维持和促进学生的学习，相对有效地达到预期教学效果的教学，是符合教学规律、有效果、有效益、有效率的教学。从今天有效教学的研究来看，我的最优化理论是具有前瞻性的。我在这里要求把效率与效果同时加以考虑，实际上也是给教学过程最优化赋予了明确的标准，要求在一定的具体条件下，以最少的时间和精力，取得质量最优的教育效果。

四是重视学生在教学过程中的地位和作用。传统教学论是以教为主体的理论，它片面强调教师在教学过程中的主导作用，忽视学生在教学过程中的能动性。其结果是强调教师的教，忽视学生的学，致使生动活泼的课堂变成了僵死的满堂灌，使课堂失去了生命活力。我认为只有在教学过程中教与学最优结合，才能保证整个教学过程的最优化。既重视教师的主导作用，又重视学生的主动性和发展的主体性，把教与学有机地结合起来实现教学过程的最优化。这对于改变传统课堂教学中只关注教师的教，忽视学生的学，把学生看作被动的盛装知识的容器，课堂教学机械、沉闷、程式化，缺乏生机与活力，师生的生命力在课堂中得不到充分发挥的状况具有现实意义。

📖 大师教育智慧：

夸美纽斯论教育

1. 有人说，人是一个"可教的动物"，这是一个不坏的定义。实际上，只有受过一种合适的教育之后，人才能成为一个人。

2. 凡是生而为人的人都有受教育的必要。

3. 学校是造就人的工场。

4. 教师应该是道德卓异的优秀人物。

5. 德行的实现是由行为，不是由文字。

6. 耐心去打开潜在学生身上的知识源泉。

7. 要使我们的学生在这个教学场所不是为学校而学习，而是为生活而学习。要使从这里出来的青年都是有活力的，对一切事情都能胜任、精练而又勤奋的人。

8. 那些在语文与艺术上久已受到陶冶的人们,他们又有几个知道自己应该成为世上其余的人们实行节制、仁爱、谦逊、慈悲、严肃、忍耐与克制的榜样呢!

9. 不学无术的教师,消极地指导别人的人是没有躯体的人影,是无雨之云,无水之源,无光之灯,因而是空洞无物的。

(摘选自《夸美纽斯教育论著选》)

浙江省宁波市国家高新区实验学校　陆青春

5. 对话皮亚杰：教育要尊重科学与儿童心理学

《教育科学与儿童心理学》〔瑞〕皮亚杰 著，傅统先 译，文化教育出版社1981年出版。

让·皮亚杰（Jean Piaget，1896—1980），瑞士人，是近代最有名的儿童心理学家，发生认识论的创始人，被誉为心理学史上除了弗洛伊德以外的一位"巨人"。《教育科学与儿童心理学》一书是由皮亚杰在1935年和1965年所撰写的两篇论文的基础上形成的。其教育思想的核心观点是"教育应当成为一门科学"，教育应当建立在心理学的基础上。

▲拔苗助长的"小学奥数"

王洪波：在中国的很多城市小学，不少学生都在趋之若鹜地争上所谓的"奥数班"。一边是很多小学生被迫的无奈，另一边是家长殷切的期盼。

请问您是如何看待这样的"奥数现象"的?

皮亚杰:"奥数"是培养学生兴趣,开阔学生思维,发现数学天才的途径之一。但在中国,这一切都变味了。很多学生对奥数没有兴趣,但由于不少初中名校将奥数作为重要的录取依据,所以学生只有硬着头皮去学。这不但没有培养起学生对数学的兴趣,反而扼杀了他们对数学的兴趣;没有开阔思维,反而桎梏思维;没有发现天才,反而抹杀天才。

为什么会这样呢?因为奥数的很多内容并不符合儿童的认知规律。儿童认知的发展分为四个阶段,即感知运动阶段(0~2岁)、前运算阶段(2~7、8岁)、具体运算阶段(7、8~11、12岁)、形式运算阶段(11、12~14、15岁)。这四个阶段的顺序是固定不变的,每一个阶段都有其独特的认知结构,同时认知发展的阶段具有连续性和不可逾越性。当一个只有7、8岁的小学生,还只能通过"符号或分化的记号媒介来引起当时感知不懂的对象或事物,从而使他们再现出来之时",奥数中常用的"假设与命题",自然不符合7、8岁孩子的生理、心理特点,造就了低效,甚至是无效的数学启蒙。

所以,我坚信,教育是一门科学。遵循儿童认知发展规律,就是遵循教育规律,尊重科学。让所有的教育教学活动紧紧围绕科学而构建,这样的教育才是有效的,高效的。

▲ "学生主体"观念的确立是必然

王洪波:第八次基础教育改革是一次全面生动的改革。摒弃传统的教师讲授法,树立"学生主体"的教育观念,成为当前最流行、最时尚、最有代表性的课改理念。您对这样的观念有何看法?

皮亚杰:无论在东方还是西方,这种实质上以教师的传授或以"上课"为基础的教学方法有合理的成分。但随着时代的发展,单纯的讲授很容易误入"灌输"的歧途,容易被冠上"填鸭式"教学的帽子,成为单调、乏味、落后的代名词。发挥学生的主体能动性,激发学生参与的热情,调动学生学习的积极性,让学生做课堂的主人,提高教学效果,成为当前课改最响亮的口号。

但我个人认为，从一般教育方法的观点来看，事实上潜存着一种具有双重性的原则或辩证的矛盾，即"教师中心"和"学生中心"。我们一直试图把这两者统一起来，形成了现在更为大家接受的"学生主体""教师主导"教育理念。

学生和老师不是鱼和水的关系，而是教学相长、同生共荣的共同体。学生主体地位的确立，不是教育的后退，而是遵循了教育规律，尤其是遵循了师生新型关系的又一个巨大的进步，必将引导教育迈出更加坚实的步伐，走得更好，走得更远。

▲中小学教师培训无缝衔接一体化

王洪波：教师培训是第八次基础教育改革的重点之一。教师培训被放到了前所未有的高度，受到了极大的关注和重视。在实践中，我们收获了很多，也思考了很多。您认为当前课改教师培训应该注意什么问题？

皮亚杰：从心理学和认识论的观点出发，小学教师的培训应该和中学教师在同一档次上进行，因为儿童幼年接受知识的难度和知识本身的重要性更为突出，对未来的影响也越大。中学教师的培训必须学习教育科学，这是因为中学教师往往对专业训练很有兴趣，对教育科学不感兴趣，结果常常是"用最古老的教育方法去教最先进的学科"，不懂得自觉运用儿童认知发展的规律。

在中国基础英语教育界，由程琳教授主持的中小学"一条龙"研究很有影响力，取得了一系列优秀成果。如果能够将这种探究中小学无缝衔接的学科教学研究的思路，嫁接到教师培训中，我想，无论是在顶层设计，还是终端操作上，都将开辟一个新天地，开启一个新气象，开创一个新未来。

📖 大师教育智慧：

皮亚杰论教育

1. 从开始的感知运动的行动一直到最抽象的心理运算，这是一个继续不断的发展。这是近三十年来儿童心理学所企图描述的。

2. 一方面是强调成人社会生活的创造作用，导致相应地强调教师传授知识；另一方面是强调个人行动具有同样建设性的作用，以致认为学生本人的活动也具有同样的重要性。

3. 知识不是客观的东西，也不是主观的东西，而是个体在与环境交互作用的过程中逐渐建构的结果。

4. 儿童的数概念不是成人能直接教会的。

5. 活动是认识的基础，智慧从动作开始。

6. 所有智力方面的工作都要依赖于兴趣。

7. 教师的工作不是"教给"学生什么，而是努力构造学生的知识结构，并用种种方法来刺激学生的欲望。这样，学习对于学生来说，就是一个"主动参与"的过程了。

8. 每个孩子都是一个潜在的天才儿童，只是经常表现为不同的形式。

9. 孩子只有体会到智慧活动的乐趣，在轻松愉快的氛围中喜欢上智力活动，才会自然地培养出良好的智力技能。

10. 对孩子的努力要给予肯定的承认，哪怕是微小的进步也应予以赞赏，让孩子体会到成功的快乐，这既是对孩子最好的精神奖励，同时有利于激发孩子下一次的尝试。

（摘选自《教育科学与儿童心理学》）

四川省泸州市纳溪区教研培训中心　王洪波

6. 对话陶行知：综合实践活动是为了让学生学会生活

《陶行知教育文集》陶行知著，四川教育出版社1995年出版。

陶行知（1891—1946），中国人民教育家、思想家，伟大的民主主义战士，爱国者，中国人民救国会和中国民主同盟的主要领导人之一。他提出了"生活即教育""社会即学校""教学做合一"三大主张，生活教育理论是陶行知教育思想的理论核心。著作有《中国教育改造》《古庙敲钟录》《斋夫自由谈》《行知书信》《行知诗歌集》。

1932年5月13日，在当时的杭州师范学校，陶行知先生作了题为"儿童科学教育"的精彩演讲。陶行知先生从"建设科学的中国"的高度，从中国教育现实和小学教师现状出发，提出了小学教师应承担的科学教育责任，指出了儿童科学教育的切入方式，同时借助大量生动鲜活的教育事实,就儿童科学教育过程中的教学指导方式、师资利用、学习资源开发、价值观导引等诸多具体问题作了详细阐述。《儿童科学教育》作为一份重要的历史性教育文献,其价值不仅仅只停留在对于当时中国科学教育的开拓性高位倡引上,其间承载着生活教育经典思想的精彩论述,也非常有针对性地回答了目前中小学综合实践活动课程实施中存在的基本认识问题和实施过程中需要应对的诸多现实问题,可以称作是中小学综合实践活动课程教学的指导性文献。诺贝尔奖获得者、瑞典学者 H·阿尔文曾经说:人类要在 21 世纪生存下去,必须回首 2500 年前,从孔子那里汲取智慧。我们认为,当今中小学综合实践活动课程的有效实施,应从陶行知先生的《儿童科学教育》中获取方向、获取动力、获取灵感。下面就让我们围绕综合实践活动课程教学中的相关困惑求教于陶行知先生——

▲ "玩把戏说"

彭显刚:不少刚刚接触综合实践活动这门新课程的教师经常这样诉苦:综合实践活动课程是一门综合性和开放性非常强的新课程,涉及的领域宽泛,可谓包罗万象,但没有现成的教材和教参作教学依据,作为农村教师,尤其是老教师或者多年来一直专于单科教学的教师来实施难度太大。他们认为,面对的最大困难就是知识匮乏、无法应对,所以不是"不想教"的态度问题,而是真的"怕教不了"的能力问题!对此,陶先生您怎样看?

陶行知:针对由综合实践活动课程的"高新论"与教师的"低能论"两者之间的反差所引发的认识层面的"恐高畏难症",我建议通过"玩把戏说"这副良药来进行医治。依我看,面对综合实践活动课程,教师应转变课程理念、降低认识重心、改变教学范式,不要将自己视为活动的主宰,不要坚守于自己的中心地位不动摇。作为一门新设课程,综合实践活动与其他分科课程最大的也是本质的区别在于:它是教师与学生合作开发与实施的经验课程,以学生自主的探究和体验为主要形态;其间,教师仅仅是活动设计和实施的参与者,是活动与评价的指导者,并不需要包办和替代式的或者学科式的"教"。所以它对于教师而言,无论是年长的,还是年轻的,无论是城市的,还是乡村的,都是必须正视的新事物,都需要从头开始,都需要在学中"教",在"教"中学。如果我们也用"玩把戏""加入小孩子队里玩把戏"的方式切入综合实践活动,综合实践活动课程定能成功地融入课程计划——不仅仅是走进学生的生活天地,也会轻松地走进教师的教学生活世界。

▲ "生活博物说"

彭 慧:听到不少教师抱怨开展综合实践活动"条件"有限:"一无配套设施,二无必要的经费,即便是学生情趣高涨、教师积极引导,也无济于事"。也有教师认为,没有规定的教材和教参,在教师和学生有限的视野中,根本没有那么丰富的综合实践活动课程资源,导致综合实践活动课程的实施滥觞无序、耗时低效。于是提出,必须给教师提供充足的物质保障和教材参考,以此作为课程教学的基本依托和师生开展活动的原点。您怎样看待这种倾向?

陶行知:与其他国家课程相比较,综合实践活动课程的确仅有大纲而无统一教材,且大纲也仅是提供了指导性理念而非固定化模式,这对于一直以来习惯于以课堂和教材为中心的传统教学生活而言,的确是前所未遇的挑战;对于一直以来依赖于规定性教材开展教学活动的教师而言,的确会感觉不适应。这是怨天尤人的"条件论"和"资源匮乏论"衍生的根源。须知生活才是教育的原点。开展综合实践活动要善于因地取材,"可以利用现成的东西,玩我们科学的把戏"。开展综合实践活动还要慧眼识"材"。"如果推而广之,学校之外,也可给你去干,那是兴趣更浓了",综合实践活动课程便会拥有丰富而广阔的空间。所以,我们应立足于学校现状、生活现实和区域优势,引导学生探索性、创造性地从身边的自然世界和社会生活中开发活动资源,从熟视无睹的生活小现象中发掘研究课题,并使其主题化、序列化,将综合实践活动这一国家课程有效地"校本化""师本化"。而这正是综合实践活动课程的生命所在、生动所在、意义所在。

▲ "多方借力说"

彭显刚：在综合实践活动课程实施过程中，有的教师深有感触：能够胜任活动的指导者也不容易！发出这种感慨的教师认为，综合实践活动课程强调尊重学生的兴趣、爱好和意愿，倡导由学生从日常生活中发现问题、自主选择和确立活动的内容、目标和学习方式。面对兴趣广泛、思维活泼、学习方式多样的学生，有些教师往往深感力不从心、疲于应对，指导越来越显被动，指导的宽度、力度和效度反而随着活动的开展在递减。面对此类困惑，您有什么好的招数供老师们参考？

陶行知：其实，"找'老师'，请他教去"策略，就是综合实践活动课程所倡导的团体指导与协同教学。也就是说，综合实践活动的指导权不能控制或者"垄断"在某一范围的一位或几位教师手中，这样做也不现实，因为个人的能量始终是有限的。教师并非无所不知、无所不能的全人。综合实践活动课程的实施，一方面要求教师不断地补给专业素养，同时也应充分地发挥并整合教师团队的力量，重视引入学生家长、社会上有专长的"志愿者"的智慧，学会多方借力、共同指导。

▲ "价值导引说"

彭　慧：综合实践活动课程的实施，的确显现出一定的积极成效，但也不可否认在某些领域也存在着缺失。这从学生外在的一些行为细节中便可略见一斑：有的学生在文化遗存的考察现场乱涂乱画，在考察途中乱丢果皮、饮料瓶；为了凸显自己小组的活动成果，有的学生在活动过程中搞不正当竞争；有的学生为了顺利开展小课题研究或者刻意追求活动的成果，置乡规民约和社会公德于脑外，采取了不妥方式，造成不良的影响。凡此种种，不一而是。

陶行知：我认为，综合实践活动的内涵是丰富的，包括多资源开发、多学科整合、多活动联动、多主体参与、多价值追求。此处的"综合"是全方位、多领域的综合，不仅仅体现在课程性质的综合、课程内容的综合、支持资源的综合、学习方式的综合上，也应充分体现在育人效应的综合上。综合实践活动实施过程中存在的不同程度的情感、态度、价值观导引的忽视或缺失的表现，与为了搞科学研究而荼毒生命之举在性质上同属一类，是对课程教学价值观的窄化和矮化。在开展科学教育时注重生命意识和生态价值观的渗透，是"最紧要的一点"，我们在实施综合实践活动课程过程中也绝对不能忽视价值观领域的导引。必须明确，综合实践活动既不是为了交给学生知识、训练学生的技能，也不是单纯的让学生学会如何学习、学会如何探究，更为重要的是让他们学会如何生活，引导他们形成良好的行为习惯，养成健康的生活方式、积极向上的生活态度，达成对自然、对社会、对他人、对自我的理解，最终提升其生命质量，促进其生命的成长。

受其实惠。应当用科学养生，不当用科学来杀生。这是提倡科学教育最紧要的一点。

大师教育智慧：

陶行知论教育

1. 科学并不是很难的东西，高深的科学，固然很难研究，但是浅显的科学，我们日常玩着的，人人都会做。我们提倡科学，就是要提倡玩把戏，提倡玩科学的把戏。每个教师都变成小孩子，加入小孩子队里玩把戏。

2. 原来大家误会得很，以为施行科学教育，一定要大大的花一笔钱；不知有些科学不十分花钱，有些科学简直一钱都不要花。有钱便做有钱的布置，无钱便做无钱的事业。如果以宇宙为学校，则我们不必在教室中求知识，四处都可以找知识，四处都有相当的材料。而所得者，都是很真切的知识。

3. 既是愿意和小孩子一起玩了，但是没有玩的本领那怎么办呢？不要紧，有法可想，我们可以找老师，请他教去。我们的先生很多，不要自己顾虑的。社会各处都可求获一种技能。七十二行，行行都可做我们的教师。

4. 把活的东西弄死,太嫌残忍,增长儿童残酷的心理,这点很紧要。我们须知科学是一种工具,犹如一柄锋利的刀,刀可以杀人,也可切菜。科学是要谋大众幸福,解除大众苦痛。我们教小孩子科学,不要叫小孩子做少数富人的奴隶,要做大众的天使。不是徒供少数人的利用和享受,当使社会普遍的民众多。

5. 我以前曾经写了一首白话诗,诗的第一句说:"宇宙为学校"。此话怎讲?就是想把我们的学校除墙去壁,拆掉藩篱,把学校和社会和自然联合一起,这样一来,学校的范围广而且大。

6. 如果我们抱着宇宙即学校的观念,那么野外的池塘便是我们的实验所……这样一来,所观察的也就比较真实可靠。

(摘选自《陶行知教育文集》)
山东省莱州市苗家中学　彭显刚
山东省莱州市教学研究室　彭　慧

7. 对话苏霍姆林斯基：校本教研应建立在集体教育的生动事实基础上

《给教师的建议》〔苏〕苏霍姆林斯基 著，杜殿坤 译，教育科学出版社1984年出版。

瓦·阿·苏霍姆林斯基（1918—1970），苏联著名教育实践家和教育理论家。他从17岁即开始投身教育工作，直到逝世，在国内外享有盛誉。出生于乌克兰共和国一个农民家庭。1936至1939年就读于波尔塔瓦师范学院函授部，毕业后取得中学教师证书。1948年起至1970去世，担任他家乡所在地的一所农村完全中学——帕夫雷什中学的校长。自1957年起，一直是俄罗斯联邦教育科学院通讯院士。1969年获乌克兰社会主义加盟共和国功勋教师称号，并获两枚列宁勋章、1枚红星勋章、多枚乌申斯基和马卡连柯奖章等。

在苏霍姆林斯基与其所在的帕夫雷什中学的教师团队的教育生活中，校本研究是不可或缺的重要内容。在这里，校本教研真正做到了定时间、定主题、定主讲，真正做到了有内容、有过程、有结论，真正做到了全员参与、集体攻关、智慧共享。正如苏霍姆林斯基所言："我校教师集体是一个志同道合者的创造性友好集体，这个群体中每个人都为集体的创造性作出个人贡献；每个人借助于集体的创造在精神上得到充实。"在此，我们将与苏霍姆林斯基一起探讨如何组织开展有效的校本教研。

▲校本教研要紧扣学生的教育问题

曲英岩：苏霍姆林斯基，您好！我国新课改倡导开展有主题、成系列的校本教研活动。您能不能给我们介绍一下帕夫雷什中学校本教研在这一方面的做法？最突出的教研主题是什么？

苏霍姆林斯基：校本教研是帕夫雷什中学每月两次于星期一举行的科学——校务会议或心理学讲习会的第二部分内容。校本教研活动中，首先进行的是由校长、教导主任或最有经验的教师准备的"理论报告"。报告后，通常都要展开热烈的讨论，在讨论过程中，老师们对重大的教育问题都要发表自己的看法。理论报告以及后续讨论的中心一般是有关教育与个性全面发展方面的某一问题。自1960年至1966年的七年间，帕夫雷什中学教师团队共讨论过95个具体问题。这些问题涉及学生学习与发展的方方面面，形成了一个个问题系列，如道德与情感领域的、智力发展领域的、行为习惯领域的、生理健康领域的等，仅道德与情感领域的就包括"道德意识与道德行为的一致""怎样培养对邪恶和非正义的不调和精神""情感教育和道德信念的形成""道德感、理智感和审美感的形成""大自然与道德情感""懒惰与懈怠是道德缺陷，如何预防它们"等林林总总的十余个问题，内容十分宽泛，但又十分具体、深入，更为重要的是，这些问题都紧扣学生教育问题，指向于"活的孩子"的"精神世界"。这是非常明显的一点。

李志民：不可否认，一直以来，一些学校的校本教研如"驴拉磨"一样，空谈低效的现象司空见惯。帕夫雷什中学的校本教研是怎样开展的？

苏霍姆林斯基： 帕夫雷什中学的校本教研大都建立在这个团队集体教育工作的生动事实基础上（当然也有利用教育报刊所刊载的教育实践案例），更为重要的是，我们的教师团队并非就事论事，而是通过对诸多生动事实的剖析，共同得出带有普遍意义的教育结论，找到有效的教育策略，坚定他们的教育信念，从而使校本教研彰显了研究的意义。我们曾经围绕一个六年级学生别佳的经历展开研讨。经过五年观察，我曾发现别佳这个孩子不但没有数学才能，就是连初步的算术知识学起来也很困难。在一、二年级时，他连最容易的习题都不会做，因为他理解不了习题的条件。依老师看，这个孩子连乘法表也永远掌握不了。然而，转眼间这个孩子却被少年数学家小组的活动所吸引。他迷上了数学匣的制作，这是一种运算教具，可以用它以直观的形式概括许多数量关系。这项有趣的劳动激发了别佳的智力。别佳产生了强烈的求知愿望，焕发出好钻研、好学习的精神。过去被他视为沉重负担的脑力劳动，变成了他的需求。以后别佳成了班上优秀的"数学家"。由别佳的教育事实，我更加坚定了这样一个教育信念：如果一个人有了思考的需求，如果他在脑力劳动中看到了想要达到的目标，那么惰性和他思想上的束缚就必然会消失。

▲校本教研要引申到后续普遍的教育实践中

曲英岩： 学校教师凑在一起，学学理论、通通教材、定定进度、交流教法……这是一些学校的校本教研的真实速写。帕夫雷什中学的校本教研与之有什么不同吗？

苏霍姆林斯基： 经由典型教育案例，深化认识、提升理念、构建理论之后，我们的教师团队的校本教研并没有完结，而是通过问题思考，引发带有激烈争论性质的交换意见，把校本教研引申到后续普遍的教育实践中，以进一步推进教育实践，增加教育实践的深刻性、有效性。在论争环节，每个人都可以多次发言，发言不仅可以是经验总结或者是对某个学术问题的意见，而且可以提出新的问题。比如，我在讲述了别佳的案例以及由此而坚定的教育信念之后，提醒大家：才能与需求的和谐问题有许多还远未解决，应当对这些问题加以思考。这些问题是：怎样把认识过程和学习活动跟创造和创作结合起来？多方面的创造才能（从事几种形态的劳动活动的才能、从事审美创作的才能）的发展规律是什么？既然幸福寓于创造性劳动之中，而创造又离不开智力上的不断提高，那么，怎样才能把终生的求知愿望这种"精神上的火药"装入儿童的心灵？怎样安排普通学校的教育工作，才能使创造性劳动接近课余科技活动？怎样做到使学生在脑力劳动单调的情况下感到自己是一个能进行创造的人？这引起了大家热烈的讨论。成为思考中心和争论对象的是：创造的本质、才能的多样性和才能的运用范围这些观念。在争论过程中，一些早先形成的"僵死"观点，即认为似乎某些人有创造活动才能，而另一些人则不具备这种才能的观点，遭到了批判，并指出，共产主义就意味着进行创造的幸福，每个人都有权享受这种幸福。那么，怎样无一例外地把所有的学生都提高到在劳动中进行创造这个高度呢？有些老师说，应当把个人天资的发掘提到首要地位，从儿童早期就爱护儿童身上表现出来的这种创造才能。另一些老师不否认个人从事某种创造性劳动的天资的作用，但同时肯定，天资和个人倾向只有在各种劳动中才能显示出来。全体得出一个结论：真正的学习，就是儿童个人的创造性劳动。

只有当学习过程中的脑力劳动触及了学生的情感，只有当真理的获得使他感到是他个人努力的结果时，学生才会感到自己是一个能进行创造的人。在有经验的教师手下，学生是学习过程的积极参与者，而且不单是教师眼光里的积极参加者。学生在认识周围世界的过程中也在认识自己。脑力劳动，这是多方面的自我教育，只有当一个人在认识世界的同时也认识自己的时候，他才会感受到发现的愉快，他的智能才会得到发展。

李志民：您及您的教师团队开展的校本教研活动，引发了我对当下我们所开展的校本教研的反思。近年来，我们一直把校本教研作为提升教师素质、提高课堂效率、优化教育品质的重要载体，将其排在了重要的教育活动日程上，尤其是随着素质教育内涵发展和基础教育课程改革的深入推进，类似于此的校本教研开展得可谓轰轰烈烈。但是冷静地想一想，我们所开展的校本教研活动有多少能拥有苏霍姆林斯基所在的帕夫雷什中学的校本教研活动的过程境界？有多少能达到苏霍姆林斯基所在的帕夫雷什中学的校本教研活动的深刻程度？我们所开展的校本教研活动真真切切地解决了多少学生的教育问题？我们所开展的校本教研活动真真切切地提升了多少教师的教育素养？心浮气躁形式化、高耗肤浅低效化、急功近利短视化……这在大家看来，或许是危言耸听！但是，在领略了您及您的教师团队怎样做校本教研之后，我们至少应该认真地去思考这样一个问题——作为教育研究者，我们到底应该为了谁做怎样的研究。

 大师教育智慧：

苏霍姆林斯基论教育

1. 教育素养是由什么构成的呢？这首先是指教师对自己所教的学科要有深刻的知识。我们认为很重要的一点是，教师在学校里教的是科学基础，他应当能够分辨清楚这门科学上的最复杂的问题，能够分辨清楚那些处于科学思想的前沿的问题。

2. 为了使集体受到教师的和谐一致的理想、信念、兴趣、趣味、好恶等崇高精神的鼓舞，需要些什么呢？首先需要教师具有高深的学问。用列宁的话说，要具有真正的学问。我们的教师必须深刻而又严肃地认识到我们是在用思想和知识教育人的这一真理。

3. 我们的职业的精神和哲学的原理，我们的工作的要求就是如此；为了给学生一颗知识的火星，教师应当从整个知识的海洋中吸取营养。

4. 教师，是学生智力生活中的第一盏，继而也是主要的一盏指路灯。是他在激发学生的求知欲，教会他们尊重科学、文化和教育。

5. 你的知识、你的求知渴望和阅读爱好，就是你个性教育力量的强大源泉。你自己要善于看待这个源泉，并引导学生前去这个源泉。

6. 我们这行职业和劳动工艺的精神基础和哲学基础就是这样：为了在学生眼前点燃一个知识的火花，教师本身就要吸取一个光的海洋，一刻也不能脱离那永远发光的知识和人类智慧的太阳。

7. 学生的智力生活的一般境界和性质，在很大程度上取决于教师的精神修养和兴趣，取决于他的知识渊博和眼界广阔的程度，还取决于教师到学生这里来的时候带来了多少东西，教给学生多少东西，以及他还剩下多少东西。对一个教师来说，最大的危险就是自己在智力上的空虚，没有精神财富的储备。

（摘选自《给教师的建议》）

山东省莱州市柞村中学　曲英岩　李志民

学校教育与家庭教育篇

《三字经》说：养不教，父之过；教不严，师之惰。我们的古人其实就已经发现教育的一些基本规律和基本分工。

家庭教育作为一种教育形式，自从人类社会产生了家庭，它便也随之产生了。这种教育与学校教育、社会教育一起，构成了人类所接受的全部教育。

《三字经》中提到的前一个"教"字，包含的意思是纲常礼仪的基本教育，伦理在封建社会是极其重要的教育内容，这应该是家庭教育的范畴，是把一个孩子从无知无觉过渡到家庭礼教下的忠臣孝子的过程，如果这个教育完不成，那就等于白养了一个孩子。

后一个"教"字，是老师的具体工作，是干什么呢？韩愈说：师者，所以传道、授业、解惑也。所以，过去我们的学校教育和家庭教育的分工是明确的。

但是，今天随着学校教育的内涵及外延的缩小，学校教育越来越只能作为家庭教育的补充。怎样将家庭教育与学校教育更好地对接，成为我们当务之急必须思考的命题。与大师对话，将会使我们更加关注家庭教育在孩子成长中的作用，更加关注怎样与学校配合管理、教育、培养自己的孩子。

让我们走近卡尔·威特、朗格朗、卢梭、洛克等教育大师，汲取学校教育与家庭教育之精华。

1. 对话卡尔·威特：早期教育成就天才

《卡尔·威特的教育》（精华本Ⅱ），〔德〕卡尔·威特 著，孙晓芸 译，哈尔滨出版社2011年出版。

卡尔·威特（Karl Witte，1800—1883）是18世纪德国一个叫洛赫的小村庄的牧师。他的儿子小卡尔由于早产，在婴儿时期反应迟钝，显得有点痴呆。卡尔·威特没有绝望，在他的精心教育下，小卡尔成了远近闻名的天才。卡尔把对小卡尔长到14岁以前的教育写成了一本书，这就是《卡尔·威特的教育》。书中详细记述了这个父亲的核心理念：一个人最终能否有所成就，其禀赋起着一定的影响，但最主要的还是后天的教育。教育得当，普通的孩子也能成长为天才；教育不当，即使是天才也会被毁掉。他记载了他的孩子成长的过程，教育心得、方法，提出了早期教育的理念。

▲应该尽早对孩子进行适当的教育

何召军：卡尔·威特先生，您好！您的儿子是早产儿，智力一般，可您却把他培养成了天才，而多数高智商的孩子成长后就成了平凡的人。家长都希望把孩子塑造成天才，您认为塑造天才最大的秘诀是什么？

卡尔·威特：天才和普通人的差异就在于教育方式的差异，后天教育比天赋更重要。

何召军：现在很多人认为，孩子的成长要顺其自然，孩子要有自己的童年，是天才的就一定是天才，早教有损于儿童的成长，孩子的教育从七、八岁开始最好。

卡尔·威特：科学的早教能够培养各方面都均衡发展的孩子。这些孩子在身体发育、心理素质、各种能力上往往比普通孩子具有优势。没有后天的教育，天赋再高也不一定成为天才。

应该尽早对孩子进行适当的教育。孩子的智力发育是有一定的规律的。一般来说，3岁前是孩子智力发育的关键时期；6岁时，孩子的大脑发育已经完成了80%；7岁时，孩子的大脑发育已经完成了90%，也就是说，在学龄前，孩子的智力发育已基本完成。如果一个孩子到7岁还没受到适当的教育，那么，他的发展潜能就消失了。

▲要对孩子进行科学的早期教育

何召军：对孩子进行早教是不是就像现在的多数家长一样，周末让孩子上特长班、假期上辅导班，靠加班加点提高孩子的学习成绩，不让孩子输在起跑线上。

卡尔·威特：这种不顾孩子的感受、急功近利的教育方式是不可取的。只注重孩子的智力教育，又运用填鸭式的教育方式，只会让孩子产生厌学情绪，降低孩子的反应速度，扼杀了孩子的想象力，使孩子缺乏创造力和探索精神。因此，要取得理想的教育效果，就要对孩子进行科学的早期教育。

何召军：多数家长关心的是孩子的学习方面，您能不能先介绍一下怎样科学地培养孩子学习，让其成为出类拔萃、智力超群的人呢？

卡尔·威特：小孩的自控能力不强，如果让他热爱学习，就要注意激发他的学习兴趣。我们在教育的时候要寓教于乐，利用生动、有趣的方式来教育，可以通过游戏、旅行、玩耍等形式教给孩子知识，孩子就不会觉得枯燥乏味，童年的乐趣也没有因学习而减少，理想的教育效果就会容易达到。总之，父母要根据自己孩子的特点，找到合适的教育方法，让孩子快乐地学习、快乐地成长是最容易行得通的。还要注意多与孩子沟通、交流，深入了解孩子的心理，相信孩子，多鼓励孩子。

▲孩子的品德教育是根本

何召军：孩子学习成绩突出，才能出众，这是家长引以为豪的。可是，有的高智商的人却沦为了罪犯。作为教育家，您怎样看待这些问题的出现？

卡尔·威特：智力高并不意味着成功，孩子的品德教育是根本。品德的教育更不是一日之功，是个潜移默化的过程，要从小就注重教育。

教育在一定程度上是对孩子进行正确的引导。做父母的特别要注意自己的榜样作用，父母的行动是最有说服力的，父母可以从身边小事做起，注重培养孩子的责任心、诚信意识、与人为善、富有爱心、勤俭节约等美德的教育，这些美德胜过任何一种能力，是孩子为人处世的最根本要求，也是做人的最起码品质。

何召军：现代社会人们的工作压力越来越大，我们看到有很多德才兼备的人英年早逝，这是否与"身体是革命的本钱"的说法相悖？

卡尔·威特：是的，德才兼备具备了人才的基本标准，可是没有良好的身体就没有充沛的精力来从事自己的工作，身体健康是从事一切活动的基础。健康的体能也是早期教育的一个重要内容，科学地喂养孩子是孩子身心健康的基础，要兼顾营养，又要努力营造愉快的进餐环境，让孩子爱上吃饭；而且，早期的感官训练也有助于孩子的智力发展；适当的体能训练，可以让孩子的身体协调性、肌肉的力量等方面都得到锻炼，能促进孩子健康的成长；大自然是最好的老师，大自然的一切可以成为教育的素材，在大自然中，可以让孩子增长见识、陶冶情操、强健体魄，让孩子的精力得到恰当的释放。造就身体和精神的全面发展才是早期教育的成功。早期教育成就天才！

📖 大师教育智慧：

卡尔·威特论教育

1. 每个人天生的大脑功能都是一样的，后来之所以出现了差异，是由于大脑功能锻炼的程度不同造成的，而决定孩子智力发展的关键时期就是从出生到小学这个阶段，孩子在这个阶段能否接受良好的教育，是他是否能成才的关键。总之，天才和普通人的区别在于教育方式的差异。

2. 孩子能在绘画中学到精益求精的好品质，也在绘画中获得耐心和自信。

3. 绘画可以使孩子一生更加富于色彩，使孩子更能发现生活中美的东西，并使孩子具有积极乐观的人生态度。

4. 对于孩子来说，最重要的是教育，而不是天赋。

5. 教育秘诀在于：唤起孩子的兴趣和让孩子提出问题。

6. 教育的理想就在于使儿童的潜在能力达到十成。只要充分发挥出这种潜在能力，我们便能做出不平凡的事业。

（摘选自《卡尔·威特的教育》）

山东省沂南县辛集中学　何召军

2. 对话苏霍姆林斯基：要把孩子看作未来的成年公民

《育人三部曲》〔苏〕苏霍姆林斯基 著，毕淑芝等 译，人民教育出版社1998年出版。

瓦·阿·苏霍姆林斯基（1918—1970），苏联著名教育实践家和教育理论家。他从17岁即开始投身教育工作，直到逝世，在国内外享有盛誉。出生于乌克兰共和国一个农民家庭。1936至1939年就读于波尔塔瓦师范学院函授部，毕业后取得中学教师证书。1948年起至1970去世，担任他家乡所在地的一所农村完全中学——帕夫雷什中学的校长。自1957年起，一直是俄罗斯联邦教育科学院通讯院士。1969年获乌克兰社会主义加盟共和国功勋教师称号，并获两枚列宁勋章、1枚红星勋章、多枚乌申斯基和马卡连柯奖章等。

▲还孩子自然的属性

夏玉珍：当前在中国，社会、学校、家庭都非常注重教育，我们也进行了一次次的教育改革。但奇怪的是，不少孩子从上幼儿园开始就厌学，您觉得这其中的症结在哪里？

苏霍姆林斯基：我不主张从幼儿园开始，就让孩子端坐于教室，接受教师的训导，被迫养成这样或那样的习惯。这样必然导致孩子对学习的厌恶。

我竭力要做的是，让孩子们在没打开书本去按音节读第一个词之前，先读几页世界上最美妙的书——大自然这本书。在这里激活思维，学会用思维进行信息加工。

儿童大脑的自然属性要求，对他的智力培养须在思维源头，即在直观形象中，首先是在大自然中进行，使得思维由具体形象向着这个形象的信息"加工"转换。如果孩子脱离大自然，从一开始学习起就只感知词语，脑细胞很快就会疲惫，以致无法完成教师布置给他的工作。许多教师在低年级往往会遇到这样的情境：孩子老老实实地坐在那里两眼瞪着你，好像在注意听讲，可是一句话都听不懂。这是因为教师只管滔滔不绝地讲，而孩子要思考规则，要解答算题，要解释例子——这些全是对事物的抽象和概括，没有生动的形象，脑子很疲劳……学习跟不上的情况便由此产生。这就是为什么要在大自然中发展儿童的思维、增强孩子的智能，这是儿童机体自然发展规律的要求。所以说，到大自然中去的每次游览就是一堂思维课，一堂发展智力的课。

夏玉珍：在您的文章里，出现频率最高的词是"自然"，自然是孩子们思维的源泉，在自然中观察、思考、学习，可不可以这样说：没有自然，就不可能很好地发展孩子，尤其是孩子的智力？

苏霍姆林斯基：自然在孩子的发展中起着很大的影响作用，但是不能夸大大自然在智育中的作用。如果教师认为，只要孩子处于大自然中，这本身就蕴藏着促进智力发展的强大因素，那他就大错特错了。大自然并没有任何直接影响理智情感和意志的魔力。只有当人认识大自然，从思想上深入因果关系中去的时候，大自然才能成为教育的强有力的渊源。过高评价直观性——这是把儿童思维的个别特点加以绝对化，这是把认识活动归结为感性的范畴。不能盲目崇拜儿童思维的特点，特别是儿童以形象、色彩和声音进行思维这一事实，完全不能引申为不应当教他进行抽象思维。有经验的教育工作者强调直观的重要性和大自然在智育中的巨大作用，是把这些因素视为发展抽象思维和进行有明确目标的教学工作的手段。

▲健康是生命之本

夏玉珍："亚健康"一般都是中年人才有的，但是现在在逐年低龄化，甚至渐渐蔓延到中小学生，而人民的生活水平在不断升高，您怎么看待这样的现象？您觉得我们应该怎样去改变呢？

苏霍姆林斯基：这是一个值得注意的问题，"亚健康"与生活水平的高低无关，这主要取决于锻炼的程度是否与年龄成正比。"快乐学校"开学的头几周里，我精心考察了孩子们的健康状况。尽管所有的孩子都是在村里，在自然环境中成长起来的，但是个别人却面色苍白，身体虚弱。而沃洛佳、卡佳和萨尼娅几个孩子，却瘦弱得厉害。各家的饮食状况几乎都很好，个别孩子体弱多病的主要原因是，他们的生活环境如同温室。妈妈们生怕孩子吹着一点风。孩子很容易疲倦，在"快乐学校"的最初日子里，他们步行1000米都很费力。母亲都抱怨这些孩子的食欲不好。

我认为，要改变这种状况，可以从下面三个方面去做：

一是与家长做好沟通，让家长放手。我做到了使家长相信，他们越护着孩子，怕他们着凉，孩子就越虚弱。大家都接受了我的坚决请求，热天让孩子赤脚去上学（对孩子们来说，这是极大的乐事）。有一次我们在野外遇上了温暖的暴雨。孩子们只好裹着泥水回家，虽然家长很担心，然而事后并没有人生病。曾经费了很多事才使家长不给孩子们一层层地穿许多件衣服，不"为了保险"和"以防万一"而多给孩子加一件毛线衣或绒衣。我们这里形成这样一条规定：春天和夏天，孩子一分钟也不应待在室内。

二是让学生加强锻炼。"快乐学校"的头三四周，孩子们每天步行二三公里，第二个月四五公里，第三个月六公里。而且这都是在田野和草场、在丛林和大树林里走。一天内所走的路程长短孩子们是不易察觉的，因为并不提出要走多少公里的指标；活动、行走只是达到其他目的的手段。孩子是乐意走的，因为他感到自己是世界的发现者。他们回到家里时是疲倦的，但感到幸福，心情愉快。要知道，没有疲倦就没有健康。孩子在紧张的劳累后休息，健康就会如涌泉一般注入他的机体。

三是要让学生合理饮食，尤其是微量元素的摄取，一定要加强。

▲ 特别的爱给特别的你

夏玉珍：在我国有不少单亲家庭的孩子、留守儿童，他们有的心理很脆弱，一碰就碎；有的脾气古怪，动不动就发火；有的生性懦弱，有忧郁的前兆，请问，您是怎样呵护这样的特殊群体的？

苏霍姆林斯基：像这些特别的孩子，要给以特别的关注。在我的班级里，科利亚、萨沙、托利亚、彼得里克和斯拉瓦等人的神经有时紧张到极点。稍一触动，就可能"着火""爆炸"。个别日子里，甚至不能对他们提问题。教育别人的有效感化方式，对这几个孩子完全不适用。我在医学家的学术著作中接触到"医疗教育学"这个概念，它最确切地表达了那些在行为上带有心理病态烙印的孩子的教育实质。医疗教育学的主要原则有：（1）怜惜孩子易受损伤的病态心理；（2）用学校的整个生活方式和制度使孩子摆脱阴郁的思想情绪，激发乐观情绪；（3）在任何情况下都不让孩子觉察到人们在把他当病患者对待。

夏玉珍：您能举个例子吗？

苏霍姆林斯基：好的。有一个有癔病性神经官能症倾向的男孩沃洛佳。他的父母过分夸耀这个孩子的做法使我甚感不安。他们自认为自己的儿子是个特殊儿童。我担心，随着必然会发生的失望，可能激起孩子对父母乃至对所有成人的憎恨。依我看来，治疗这种孩子的主要手段，就是培养谦逊和尊重别人的态度。我一直力求做到使沃洛佳尊重他所接近的每一个人。

▲纠正不当的教育方式

夏玉珍： 现在的孩子是被宠坏了的一代,"以自我为中心"的意识浓厚,导致不少孩子公德缺失,您能否用实例为我们指引一下您的教育过程?

苏霍姆林斯基： 这是当今教育所面临的严重问题,但不是纯粹地进行德育教育就可以解决的,有时孩子是无意识的行为,但是要用一个合适的纠正方法。

少先队员们在校园的一个僻静角落栽培了菊花。秋天开出白色、蓝色、粉红色的花。在一个风和日丽的日子,我带着我那些小家伙们到了这里。孩子们看见这样多的花欢喜得不得了。然而痛苦的经历告诉我,美所唤起的孩子的欢喜往往是利己的。孩子可能去摘花,而且并不以为这有什么值得责怪的。这一次就发生了这种事情,转眼间我便看见一朵朵花已拿在孩子们手里。当花朵剩下不到一半时,卡佳叫道:"难道可以摘菊花吗?"

她的话里既不带惊讶也没有激愤。她只是在问。我没作任何回答。让这一天成为对孩子们的一次教训吧。他们摘下了几朵花,角落里的美消逝了,那块地方顿时显得一片荒凉。孩子们的心里燃起的对美景的满腔喜悦也消失了。小家伙们拿着花不知如何是好。

"怎么样,孩子们,这块地方还美吗?"我问道。"你们摘掉了花,剩下的这些光秆好看吗?"

孩子们都不出声,接着有几个人同时开口说道:

"不,不好看……"

"这些花是少先队员栽的,"我对孩子们讲,"他们再来这里欣赏花的时候,看见的是什么呢?不要忘记,你们生活在人们中间。谁都爱欣赏美。咱们学校里花虽多,可是如果每个学生都摘一朵,结果会怎样呢?那就什么都剩不下了,大家都没有可欣赏的了。应该创造美,而不是破坏它,不是毁坏它。到秋天,天气凉了,我们把这些菊花移到暖房里去。将来在那里欣赏它们的美。为了能摘一朵,要培养出十朵才行。"

几天之后我们又到另一块地方去，那里的菊花更多。孩子们已经不再摘花了，他们在观赏花的美。

▲孩子是家庭的一面镜子

夏玉珍：父母是孩子的启蒙老师，也是对孩子影响至深的人，但现在的有些家长的素质却很低，不但不教育孩子，还很袒护自己的孩子，对此，您怎么看？

苏霍姆林斯基：在"快乐学校"建立之前，几年来一直使我感到焦虑不安的是，许多父母出自对子女盲目的、本能的爱只看到孩子美的一面，而看不见丑的一面。记得有过这样一件事：一个4岁男孩没有去厕所而是当着母亲和邻人的面小便。母亲非但没有生气还颇为爱怜地说："您瞧我这儿子，什么都不在乎。"从这个4岁郎当小子的调皮眼神、气恼的嘴角和轻蔑的神情中已经能够预料这将是一个令人生厌的人物。如果不加纠正，不迫使他用他人的眼光看看自己的话，他就可能变成一个下流坯。

我曾不止一次地和沃洛佳的母亲谈话。每当她开口说话，儿子就揪住她的衣衫来回扯动，就拽她的手，好像总有什么急事似的。纠缠不休、恣意放纵——都是孩子个人主义的不同表现，其祸根就在于宽容无度，万事迁就，惩处不力。某些家长（遗憾的是也有个别教师）认为，跟儿童讲话总应当带着一种孩子腔，孩子那灵敏的耳朵便能从这种腔调中听出迁就之意来。我时刻提防着有失于此类腔调，片刻不忘在我面前的都是孩子，总是把这一个个的小人看作未来的成年公民。我觉得，当话题涉及为他人劳动时，这种态度便尤为重要。

📖 大师教育智慧：

苏霍姆林斯基论教育

1. 一个人到学校里来上学，不仅是为了取得一份知识的行囊，主要的还是为了变得更聪明，因此，它的主要的智慧努力就不应当用到记忆上，而应当用到思考上去。

2. 小学生记忆力的强弱在很大程度上，也可说在决定性程度上，取决于孩子在早期童年时代进入意识中的语言的鲜明度和情感色彩程度。孩子接受这些印象的同时也就锻炼了记忆力。

3. 你们生下了孩子，一定要记住，从孩子能用自己的眼睛看见五彩缤纷的花朵或玩具时，能听到树叶沙沙作响、蜜蜂嗡嗡叫时，就应开始培养孩子的智慧。在这个期间，成人有多少心力投进孩子的意识中去，那么他将来就带着相应程度的智慧、聪明进入学校。

4. 我们坦率地告诉父母：假若你每天不进行系统的教育工作，那么你的孩子将智力发育不良，进入学校后学习也不会好。

5. 假若孩子在实际生活中确认，他的任性要求都能得到满足，他的不听话并未招致任何不愉快的后果，那么他就渐渐习惯于顽皮、任性、捣乱、不听话，之后就慢慢认为这是理所当然的。

6. 假若要求时产生于父母的争吵之中，而且是当着孩子的面，那么这种要求不论多么合理和正确，对孩子来说也是没有威力的，不是非执行不可的。

7. 有些父母认为，他们对孩子的权力其主要表现形式是禁止，这种认识是错误的。假若对孩子只是一味禁止的话，就等于给他加上了镣铐，会使他变得畏缩、消极、无进取心。父母的要求不应只表现在禁止做这，禁止做那上，而最主要的是表现在提醒孩子去从事某些有益的活动。

8. 教育者应当深刻了解正在成长的人的心灵……只有在自己整个教育生涯中不断地研究学生的心理，加深自己的心理学知识，才能够成为教育工作的真正的能手。

9. 人类的精神与动物的本能区别在于，我们在繁衍后代的同时，在下一代身上留下自己的美、理想和对于崇高而美好的事物的信念。

10. 孩子提出的问题越多，那么他在童年早期认识周围的东西也就愈多，在学校中越聪明，眼睛愈明，记忆力愈敏锐。要培养自己孩子的智力，那你就得教给他思考。

（摘选自《育人三部曲》）
湖北省宜昌市长阳土家族自治县磨市镇教师口小学　夏玉珍

3. 对话朗格朗：教育的意义要使每个人按本性发展

《终身教育引论》〔法〕保尔·朗格朗 著，周南照 陈树清 译，中国对外翻译出版公司1985年出版。

保罗·朗格朗（1910—），当代法国成人教育家，终身教育理论的积极倡导者和理论奠基者。1965年，在联合国教科文组织召开的第三届促进成人教育国际委员会议上，朗格朗以"education permanente"为题作了学术报告，引起与会者极大反响，后来联合国教科文组织将"education permanente"改为英译"lifelong education"，即"终身教育"。朗格朗于1970年写成并出版了《终身教育引论》。《学会生存》发表之后，终身教育的概念更为全面、清晰、具体，促使终身教育由一种思想转为各国主导的教育政策和普遍的教育实践。

▲教育者要明白教育的当前责任是什么

许秀玲：朗格朗先生，您好！我是一名受命于"危难之中"的教务主任，我校因为教学成绩一直上不去，所以教务主任换了一届又一届，我是我们当地教体局很看好的，而且我们校长也把所有的希望寄托在我身上了，现在我的压力很大，想干出成绩，但又有好多顾虑，您能给我指一条路吗？

朗格朗：首先恭喜你，你作为教务主任，能够有一定的权力来实施你的教育计划。但是你要知道，确立一种新的教育形式需要巨大的勇气、创造性、智慧和能力，而这一切远远超出了其他形式的大规模人类事业的需要。

许秀玲：我只是想尽快地把我校的教学成绩提上去，所以不曾想那么多，您能给我指出一条捷径吗？

朗格朗：你的心情我能理解，你可以把教育的当前责任确定如下：首先，采用适当的方法，培养学生良好的学习习惯，并帮助他们树立永久的学习目标，使他们在一生中保持学习和训练的持续性。其次，要加强学生的自我教育，使每个学生在真正的意义上和充分的程度上成为自己希望发展的对象。

许秀玲：我们不是不考虑这些，但是现在我们迫切要的是成绩呀！

朗格朗：身为一个教育者你们必须知道，教育真正的意义必须使每个人按照他自己的本性得到发展，而且这种发展应是他自己的志趣、倾向和能力的一种作用，而不是让他按一种只适用于某种特定的对象既学得快而且对学校制度顺从的"天才学生"的既定模式来发展。

▲学校要培养具有综合素质的人

许秀玲：朗格朗先生，您说的这些我都懂，但是从目前我国对学生和学校的评价指标来说，基本上还是以学生的成绩为主。如果在我任职期间，不管采用任何方法，只要把学生的成绩提上去，能让他们顺利地升入高中，至少我无愧于任命我的领导，难道这种想法不对吗？

朗格朗：我不想批评你什么，但我想说，学校的职能是通过系统的训练"教会学生学习"，其方法是发展学生的思考能力、组织工作的能力、在分析和综合间建立联系的能力，同时鼓励他们学会交流沟通和积极合作的能力。也就是说，提高学习成绩和升学不是你们的终极目标，培养一个具有综合素质的人才是你们的责任和义务。

许秀玲：我明白了，您的意思是我们现在有很多学校做的是急功近利的教育，是吗？

朗格朗：是的，现在有很多学校靠挤占学生的课余时间和增加学生的作业量来提高学生的成绩，其实这是违背教育规律的。现代教育的基本任务是使人们为变化作好准备。无论如何，教育不再是传授知识的问题，而是一个用适当的手段来训练每个人，使他能对以后从事的事业应对自如。

许秀玲：朗格朗先生，我以前一直考虑的是：学生在这初中三年不要出现什么安全问题，然后能升入高中，就完成了我们初中学段应尽的义务。

朗格朗：不能这样说，教育学生的过程并不随学校学习的结束而结束，而是应该贯穿于学生生命的全过程。这是使每个人在个性的各方面——身体的、智力的、情感的、社会交往的方面，总之，在创造性方面——最充分地利用其禀赋和能力的必不可少的条件。正是通过不断的努力学习和研究，通过实习培训，人才会有更大的潜在可能性去有效地、应付自如地迎接他一生中遇到的各种挑战。

许秀玲：我明白我应该做些什么了，朗格朗先生，谢谢您。

📖 大师教育智慧：

朗格朗论教育

1. 如果未来的新社会要能够重视人的基本需要，那么它们就应最大程度地注意人的教育需要。

2. 教育的任务是培养未来的成人承担生活的责任和义务，接受变革和各种形式的智力和文化的冒险活动，适应社会习俗、道德观念和理论学说的迅速变化。

3. 无论如何，教育过程如果要生命力，为发展中的人服务，那就必须与时间形成积极的联系，而时间应被看作是一种建设性因素而决不是作为一种破坏性因素。因此，教育工作者应尽一切努力摒弃任何一种把思想和道德、习俗看作是一成不变的观念，他们不仅需要努力使人接受变革，而且需要努力以各种方法促进教育的对象机智而有效地参与各个阶段的变革，不管这变革是发生在个人内部还是发生在他与之联系的外部世界。

4. 确立一种新的教育形式需要巨大的勇气、创造性、智慧和能力，而这一切远远超出了其他形式的大规模人类事业的需要。

5. 教育的真正对象是全面的人，是处在各种环境中的人，是担负着各种责任的人，简言之，是具体的人。

6. 如果教育要有意义，那它就必须使每个人按照他自己的本性得到发展，而且这种发展应是他自己的志趣、倾向和能力的一种作用，而不是让他按一种只适用于某种特定的对象即学得快而且对学校制度顺从的"天才学生"的既定模式来发展。

7. 个人有了一定的知识和技能以后，便可以终身应付自如，这种观念正在迅速过时并在消失之中。由于内部需要的压力，同时作为对外部需求的回答，教育正处于实现真正意义的过程之中，这种意义不在于获得一堆知识，而在于个人的发展，在于作为连续经验的结果得到越来越充分的自我实现。

8. 学校的职能是通过系统的训练"教会学生学习"，其方法是发展学生的思考能力、组织工作的能力、在分析和综合间建立联系的能力，同时鼓励他们养成对话和参加集体工作的习惯。

9. 所有教育和教学不能逃避支配人类活动的重要规律，那就是兴趣。如果学习使人有兴趣，就必须能满足某种欲望。如果学习者乐于做出努力和拿出其全部力量，那么目的就必须是明确的，结果也必须是值得通过努力取得的。

(摘选自《终身教育引论》)

山东省临沂市傅庄中学　许秀玲

4. 对话皮耶罗·费鲁奇：孩子是个哲学家

《孩子是个哲学家——让孩子自由发挥自己的天性》〔意〕皮耶罗·费鲁奇 著，陆妮 译，海南出版社2002年出版。

皮耶罗·费鲁奇（Piero Ferrucci, 1946—），意大利著名的哲学家和心理学家。著有《孩子是个哲学家——让孩子自由发挥自己的天性》。1946年生于意大利都灵（Torjno），都灵大学哲学博士，师承综合心理学大师罗贝托·阿萨吉欧力（Roberto Assagioli）。他担任心理治疗师的工作，在佛罗伦萨执业已30年。另有《仁慈的吸引力：凡事变得更容易的都市心灵修行法则》一书，得到诸如华语首席心灵小说家张德芬等人的重力推荐。

▲为什么孩子是哲学家

缪建平：一次在书店里，偶然看到《孩子是个哲学家》这本书，一下子就被书名所吸引,然后读读其中的内容,真有一种知音相逢的感觉。原来并不是一本谈哲学的通俗读物,也不是一本如何培养天才儿童的书,而是一位父亲写的他与两个孩子之间的尴尬事、有趣事,以及由此引出的种种感悟与启迪。皮耶罗·费鲁奇先生,请问:您当时为什么要取这样一个书名呢?

皮耶罗·费鲁奇:因为小孩时时刻刻都在思索所有刚接触到的新事物、新经验。他们认真学习,努力思考,并赋予每一样事物一个观点,整合他们的世界观。比起大部分习惯于日常生活、懒得再去质疑的成年人,孩子们更像是怀疑的哲学家。让小孩勇敢地思考,让我们学习用小孩的方式去跟他们对话,诱导他们的思考。

举个例子来说吧。艾米利奥(我的第一个儿子)一言不发在吃早餐。他边吃边看着远方,在想事情,我不想打扰他,就没出声。他突然放下汤匙望着我说:"爸爸,整个人生会不会是一场梦?"我虽然早知道小孩子常常做出哲学思考,但对他的问题依然大吃一惊。我回答说:"有一天突然发现你的爸爸妈妈、你的朋友、玩具和家具都不见了,而你躺在床上,你知道这一切都是梦吗?""知道。"艾米利奥说,继续吃早餐,"说不定连床也是梦。"

我最喜欢的是他说"连床也是梦"那句话:唯有如此,整个人生才是一场梦,所有的事物都变得虚幻和不真实。这让我了解到艾米利奥的思想很周密,他看世界的眼睛纯真之余也充满智慧,这一点叫我惊讶万分。

▲孩子是父母的镜子

缪建平:皮耶罗·费鲁奇先生,您是意大利著名的哲学家和心理学家。可在这本写实性的散文中,作为孩子的父亲,您有时狼狈,有时急躁,有时焦头烂额,但有时又被孩子的言行感动,为自己开启了令人难以置信的丰富的儿童生活世界,也让我们从中看到了生命的本质、教育的本质。请您说说,您从孩子们身上究竟得到了什么?

皮耶罗·费鲁奇:如果用一句话来说,那就是:我从与孩子的相处中得到温馨与喜悦、成长与进步,是的,是这样的!人有了孩子以后生活更充实,我们也将随之改变。就仿佛上了一个速成班,让我们用深刻的体谅、更主动的意识经历各种人生经验:美妙、爱、纯真、欢乐、痛苦以及死亡……是在与孩子的相处中,这一切都有了不同凡响的意义。孩子们都很温顺、真诚、我行我素、兴致高昂、发自内心,所以跟他们在一起可以得到纯粹的激励进而改变自己;跟孩子们共同生活我们也会一起成长。可能还有更多的幽默和耐心,可以开发心灵的智慧,能在日常生活的平淡无奇中挖掘到宝藏,甚至改变我们的生活,向喜悦敞开大门。

不过这个成长过程并不是没有痛苦的。在喜悦之外也有艰难时刻,我们的弱点、劣根性、谎言、矛盾、反复,全都被暴露出来。但这些正是促使你改变的良好开始。说一个例子吧。

艾米利奥看中了我的一支笔,他试探地问我:"爸爸,你送给我好不好?""我可以送给你……"

"谢谢爸爸——"

"……可是不可以找麻烦,要做个乖小孩。"

"那我不要谢你了。"艾米利奥不高兴了,对那支笔也失去了兴趣。

你看,多像一面无情的镜子,我儿子让我意识到自己这个父亲的面貌——虽无恶意,但也不够婉转。换作是我,有人给我一样我想要的东西,交换条件是"做个乖小孩",这种赠予会不会使我反感呢?艾米利奥的回答迫使我面对我并不喜欢的某部分自己。虽然感觉不太舒服,却使我今后不再这么做。

▲父母要引导孩子共同经历一场"心灵之旅"

缪建平:皮耶罗·费鲁奇先生,您曾幽默地说"为人父母等于是被判终生为奴",或是可以迫使您得神经官能症,或是向未知世界走一趟令人振奋的"心灵之旅"。如何与自己的孩子经历一场"心灵之旅",请您给天下父母们提点建议。

皮耶罗·费鲁奇:我的这本书有点像我和孩子们的"流水账",又有点像一本观光导游手册，只不过身为父母要走的路绝对要比观光旅游者多得多。这场心灵之旅，不同经验的积累会让我们体会到生命的真谛。

这里有两点要注意：第一是投入学习。如果我们敞开心胸，乐于参与，我们就走对了。通常父母想的都是可以教导孩子们些什么，或许我们应该反过来问问自己，可以从他们身上学到什么。第二点是提醒自己，虽然做父母是那么琐碎，平凡得不屑一顾，却极其重要。……孕育、抚养、给予孩子关爱和呵护，教育他们适应这个世界的生活法则，帮助他们发挥潜力。没错，为人父母是最美的一门艺术。这也是本书的副标题叫"让孩子自由发挥自己的天性"的原因。

我们可以拿菜园来作例子。如果菜园子土壤肥沃且菜主人细心栽培，蔬菜就会长得好。如果菜主人疏于照顾，菜园子杂草丛生又寄生虫肆虐，结果会怎样？小孩对父母的关系是无选择余地的，然后和他们在一起。如果父母关系很紧张，那毒素会传染到他身上。如果家庭气氛不平和，他就会在冲突中成长。如果这种气氛是焦躁不安的，孩子的未来也就充满不定数。虽然花费了不少时间，但我终于明白：我跟孩子的关系直接建立在我和他妈妈的关系上。如果我跟他妈妈关系不好就不可能跟孩子保持良好的关系。当然我跟我太太的关系有其独立价值，就算没有小孩也很重要。不过有了小孩以后，这个重要性更被凸现出来。

我发现自己还学会了接纳。我对接纳的艺术早有领悟：我知道我们没有必要按自己的意愿改造世界，希望并争取他人凡事合乎我们的要求，那样做常常只是白费力气，保证令你大失所望。而今我重新认识了这门艺术。维维安就是维维安（我的夫人），孩子就是孩子，到此为止。我不再期待他们按我期望或指定的模式行事，也不会因为他们不照此去做而抱怨。

这就是接纳。我想起了我朋友办公室里的一尊埃及雕像，是一尊张开双臂的人像，仿佛在说："我接受每一个人原来的样子。"姿态很轻松，但不松懈；很强健，但不强势。那张开的双臂接纳你，没有条件。我也希望自己如此。刹那间一切都自在多了，无需评断，无需纠正，多简单。

总之，在纷乱的生活当中我们发现了不为人知的完美境界，然后理解在我们栖身浩瀚宇宙中，我们也占有一席之地，那就是此时此地；尽管日复一日让我们忧郁、疲惫、焦虑的正是我们的孩子。

📖 大师教育智慧：

皮耶罗·费鲁奇论教育

1. 孩子就连做梦也没想过，有些事需要在众人面前保持矜持，为什么爱会不好意思呢？他所在意的，只是身为父母的我们彼此相爱。

2. 我发现如果真的爱一个人，就不应该认为他是理所当然的。相反的，每一个关系都需要革新，都是一项挑战，都必须付出。就像我之前提到的菜园子，除了土壤肥沃，还需要细心栽培与照顾。

3. 学会培养自省、控制想法、乐于助人、接纳、赞美、不钻牛角尖的能力，回到最初，我改变了我的脑磁波，结果自己焕然一新。像重镀水银的镜子，重新映照出耀眼的光芒。

4. 孩子的成长与父母的关系息息相关。我们每一个人都是父母关系下的产物，可以是美好和谐的关系，也可以是教人心碎的伤痛。父母的关系造就了我们，不管你是属于大家庭时期、单亲家庭、人工受孕、基因改造、子宫出租或精子银行哪种形式，血缘关系永远与你同在。

（摘选自《孩子是个哲学家——让孩子自由发挥自己的天性》）

江苏省苏州市苏州工业园区车坊实验小学　缪建平

5. 对话赫伯特·斯宾塞：世界上最好的教育本质都是快乐的

《斯宾塞快乐教育书》〔英〕赫伯特·斯宾塞 著，张荔莉 译，哈尔滨出版社2011年出版。

赫伯特·斯宾塞（Herbert Spencer，1820—1903），是19世纪后期英国著名的哲学家，社会学家和教育思想家。被西方学术界称为"现代的亚里士多德""人类历史上的第二个牛顿"。著作有《教育论》《斯宾塞快乐教育书》。

▲教育是为完美生活做准备

毕道玉：2013年高考过后，据有关媒体报道，我国大约有100万学生放弃参加高考。一时间，"高考弃考""读书无用论"成为热门话题。您对

"读书无用论"是怎样看的,我们学校又该教给学生什么样的知识呢?

斯宾塞: 我认为真正的教育应该放在人的实际需要的基础上,教育的真正目的在于为完满的生活做准备。"读书无用论"是错误,甚至是荒谬的,我们"读书就是为完满的生活做准备"。

通过读书,我们学习生理、卫生学知识,这可以帮助我们自己学会如何健康、快乐、精神饱满地生活和工作;我们学习科学技术,可以使我们国家兴旺发达,促进社会进步,造福世界;我们学习心理学和教育学知识,可以正确地对孩子进行德育、智育教育,使孩子身心得到健康发展;我们学习历史学知识,可以了解一个国家的政治、经济、社会习俗;我们学习文学艺术,可以提高我们的审美情趣……对有些学生来说,善于学习某些方面的知识,还可能成为他一生谋生的手段。我们怎么能说读书无用呢?至于"高考弃考"可能与你们中国现在受教育途径多元化有关吧,高考已不是个人唯一的成才途径了。

至于学校应该教给学生什么样的知识,我觉得不同政体、不同意识形态的国家有着不同的教育体系和教育内容。但我认为所有教育的共同点是应该教给学生"科学知识"。因为科学能教人用科学态度对待事物;科学能培养学生的求实精神,增强学生的信心和独立性;科学使人懂得周围事物的相互依存关系而能正确推论其因果,从而推进社会进步。

▲父母要保护孩子快乐的天性

毕道玉: 最近,社会上"狼爸""鹰爸""虎妈"对自己子女采取几近残忍的教育方式而使子女成才的例子和教育观受到追捧。对此,您是怎样看的?

斯宾塞: 我曾说过:"世界上最好的教育本质上都是快乐的。"我是提倡快乐教育的。孩子在快乐的状态下学习效果最佳,父母必须遵循孩子心智成长的自然规律,引导孩子快乐的学习。

首先,父母要保护孩子快乐的天性。每个孩子都拥有不同的禀赋,我们只有因材施教,顺应孩子的天性,孩子才能发挥自己的特长。如果孩子失去快乐，孩子们的天赋反而成了他们成长过程中的绊脚石，就算是天才，也可能被不快乐的因子扼杀掉。

其次，父母在智力培养中要拒绝惩罚和暴力。惩罚和暴力会使孩子的内心充满恐惧，从而让悲伤消极的情绪迅速蔓延，占据孩子的整个内心。其实相较于教鞭，爱和鼓励更管用。家长在培育孩子智力的过程中，应当经常流露出亲切感。这能使孩子更乐于接受家长的引导。

最后，父母还要让孩子到大自然中开启悟性。大自然对孩子悟性的提高以及身心的发展有着不可估量的影响。那种一味让孩子拘泥于书本的教育方法，只会阻碍孩子悟性的发展，使孩子变得目光短浅、头脑狭隘，毫无快乐可言。此外，父母还要鼓励孩子主动出去多运动。要知道，运动也是这快乐教育中的一部分。它能促进孩子的身体成长以及心理发育。那种重心智轻身体的教育观念是不可能成功的。

▲建议对家长进行专门的教育

毕道玉：现在总有些做父母的哀叹社会的多元化发展给孩子的思想带来冲击，自己的影响力越来越弱，自己的孩子太难教育了。您能否结合您的教育哲学，给我国的这些父母提些建议呢？

斯宾塞：我曾指出："父母们夸大了子女的不正当行为给他们带来的苦恼，总认为一切过错都是由于子女的不良行为所致，而与他们自己的行为无关。但是我们稍作公正的自我分析之后，可以发现父母发出的强制性指令，主要是为了自己的方便行事，而不是为了矫正错误。"

在我的《教育论》一书中，我也非常严肃地指出："（一些）父母从未考虑过那些在身体、道德、智慧方面应该指导儿童的原则，就开始从事教养儿童这个艰巨任务。"我们千万不能忽视这个最主要的教育，我建议对家长进行专门的教育。可以想象，如果家长的教育理念是错误的，教育手段是落后的，其培养出的孩子也肯定是不合格的。

我们的父母在家要营造良好的家庭环境。在温暖而充满爱的家庭中，父母能以身作则，尊重孩子，接纳孩子的各种行为，鼓励和赞美孩子的优良表现。这不但可以帮助孩子发展健全的人格,还能激发其创意而使其变得更聪明,性格更开朗,人格更健全。

📖 大师教育智慧:

斯宾塞论教育

1. 正确进行教育的主要障碍不在于儿童,而在于家长。并不是儿童对强制的影响不敏感,而是家长的德行不足以运用这些影响。

2. 教育者要有效地教育孩子,就必须做一些教育的准备:要进行钻研,要头脑理智,要能忍耐,还需要自我克制,要少对孩子发布命令。

3. 大自然既可以培养孩子的美感,又可以启发孩子的悟性;既可以锻炼孩子的身心,又可以让孩子们的身心得到休整;大自然对所有的孩子都一视同仁,公正、宽容、粗犷、热情,让每一个孩子的知性、灵性都得到升华。

4. 必须首先考虑建立一个有健全文化的生活,而为此服务的培育工作必须占最高地位。

5. 教育的目的在于性格之塑造、成形。

6. 成功的第一个条件是真正的虚心,对自己的一切敝帚自珍的成见,只要看出同真理冲突,都愿意放弃。

7. 教育中应该尽量鼓励个人发展的过程。应该引导儿童自己进行探讨,自己去推论。给他们讲的应该尽量少些,而引导他们去发现的应该尽量多些。

8. 硬塞知识的办法经常引起人对书籍的厌恶,这样就无法使人得到合理的教育所培养的那种自学能力,反而会使这种能力不断地退步。

9. 必须记住我们学习的时间是有限的。时间有限,不只由于人生短促,更由于人事纷繁。我们应该力求把我们所有的时间用去做最有益的事情。

10. 所用的培养方法应该能够引起内在快乐的活动,不是因为能够得外来奖励而快乐,而是因为它本身有益健康。

(摘选自《斯宾塞快乐教育书》)

江苏省句容市天王中学　毕道玉

6. 对话卢梭：教育充分发展孩子的天性

《爱弥儿》〔法〕让·雅克·卢梭著，彭正梅译，上海人民出版社 2010 年出版。

让·雅克·卢梭（Jean-Jacques Rousseau，1712—1778），法国伟大的启蒙思想家、哲学家、教育家、文学家，是 18 世纪法国大革命的思想先驱，启蒙运动最卓越的代表人物之一。主要著作有《论人类不平等的起源和基础》《社会契约论》《爱弥儿》《忏悔录》《新爱洛漪丝》《植物学通信》等。在《爱弥儿》中体现的卢梭对教育的观念——自然主义，深深地影响了现代教育理论。他强调要降低书面知识的重要性，建议孩子的情感教育先于理性教育。他尤为强调通过个人经验来学习。他的核心理念是——"让我们回归自然"。

▲父母应该遵循孩子身心发展的特点

毕道玉：在我国，有句话叫"不能让孩子输在起跑线上"。于是，很多孩子在年幼的时候就被家长强迫参加各类"兴趣班"，家长们企图把自己的孩子培养成钢琴家、舞蹈家、艺术家……对这类家长，您能否给点建议？

卢　梭：我曾说过："大自然希望儿童在成人以前，就要像儿童的样子。如果我们打乱了这个次序，就会造成一些果实早熟，它们长得既不丰满也不甜美，而且很快就会腐烂；我们将造成一些年纪轻轻的博士和老态龙钟的儿童。"

我建议父母应该遵循孩子身心发展的特点的顺序性、阶段性、连续性、个体差异性，给孩子自由发展的空间。起始阶段，父母可以有意识地引导、培养孩子对钢琴、舞蹈、绘画等活动爱好的兴趣，但一旦发现孩子不感兴趣或不愿意学时，就应该明智地给予暂停，不要带有功利色彩去强迫孩子学习，那样只会使孩子反感、厌恶这门"兴趣"，最终还导致父母与子女的关系不和。而父母一旦发现孩子的兴趣和爱好时应当给予鼓励、积极引导，并为孩子的兴趣提供力所能及的物质条件。总之，对孩子培养要回归自然，这样才能培养出有灵性、有个性的孩子。

▲教育应该按照孩子的天然需要来进行

毕道玉：您是主张自然主义教育的，认为孩子的天性是善良的，要给孩子发展以充分的自由。据报道，最近我国一位著名的"星二代"就是在您所提倡的这种教育理念下成长的，但最终却走上犯罪道路。您对此怎么看？

卢　梭：我是强调父母要重视儿童的自然天性，对儿童的教育要回归自然的。但这种教育应该按照儿童的天然需要来进行，不可过多也不可过少。

你刚才所说的"星二代"的例子并不是我提倡的自然教育，而纯粹是溺爱。在你们国家，不少父母太溺爱孩子，结果导致孩子任性、野蛮，成为颐指气使的"小暴君"，以为自己就是世界的主宰。这就是大人宠坏了孩子的天性。我们做父母的应教育孩子不要妄自菲薄，但也不可盲目自大。"首先，他要拿你的拐杖，瞬间他要你的手表；其后他要飞过的鸟，也要摘闪烁的星星。凡是他看到的他都想要。你又不是上帝，怎能样样满足他？"

因此，家长要正确认识孩子的天性，要加强对孩子的约束与要求。一方面家长要了解和重视孩子的天然需要，要花费心力、时间去弄清楚孩子的天然需要是什么。具体而言，就是一个孩子在正常生活中，什么样的消费和要求是合理的，什么样的是不合理的。现在有很多家长对孩子的要求不管合理不合理，都无条件地一味满足，这实际上就是没有弄清楚孩子的天然需要，长此以往会养成孩子贪婪的性格。另一方面，要坚持按照孩子的天然需要来进行教育，不可过多也不可过少。对孩子的需求和愿望，合理的一定给予满足，不合理的坚决加以拒绝，坚持适度原则。

▲遵循自然天性有助于"中国梦"的实现

毕道玉：日前，我们教育界正在开展"中国梦"主题教育活动。您认为我们教育工作者和青少年应该怎么做？

卢　梭：我认为这个教育活动很有意义，是开展青少年理想信念教育的有效载体。我认为"教育应归于自然""教育要遵循自然的天性，教师要创造学习环境"。在活动中，教师要抓住青少年有梦想、爱梦想的特点，利用学生喜闻乐见的方式，引导学生主动说出、解读、认同中国梦，让他们将自己的个人梦想融入中国梦，将个人理想和社会主义远大理想联系在一起。教师切不可脱离实际，脱离学生身心发展特点，空洞说教，"要按照你的学生的年龄去对待他"。

青少年在学习书本知识的同时要与社会、大自然多接触。通过劳动实践，锻炼自己的体格，培养自己的观察力、判断力、意志力等优良品质。

教育只有这样遵循自然天性才可培养出自由、平等、独立、能适应时代发展要求的新人。如此，中国人实现中华民族伟大复兴的"中国梦"就不会遥远了。

大师教育智慧：

卢梭论教育

1. 在所有一切的财富中最为可贵的不是权威而是自由。真正自由的人，只想他能够得到的东西，只做他喜欢做的事情。这就是我的第一个基本原理。只要把这个原理应用于儿童，就可源源得出各种教育的法则。

2. 在万物中，人类有人类的地位，在人生中，儿童期有儿童期的地位；所以必须把人当人看待，把儿童当儿童看待。

3. 大自然希望儿童在成人以前，就要像儿童的样子。如果我们打乱了这个次序，就会造成一些果实早熟，它们长得既不丰满也不甜美，而且很快就会腐烂。

4. 无论就男性或女性来说，我认为实际上只能划分为两类人：有思想的人和没有思想的人，其所以有这种区别，差不多完全要归因于教育。

5. 我们栽培草木，使它长成一定的样子，我们教育人，使他具有一定的才能。

6. 在人的生活中最主要的是劳动训练。没有劳动就不可能有正常的人的生活。

7. 劳动是社会中每个人不可避免的义务。

8. 装饰对于德行也同样是格格不入的，因为德行是灵魂的力量和生气。

9. 我深信只有有道德的公民才能向自己的祖国致以可被接受的敬礼。

10. 教育的最大的秘诀是：使身体锻炼互相调剂。

（摘选自《爱弥儿》）

江苏省句容市天王中学　毕道玉

7. 对话洛克：没有什么比榜样更能打进儿童的心灵

《教育漫话》〔英〕洛克 著，毕慧慧 编译，北京出版社2012年出版。

J. 洛克（John Locke，1632—1704），英国唯物主义哲学家、经验主义的开创人，同时也是第一个全面阐述宪政民主思想的人，在哲学以及政治领域都有重要影响。《教育漫话》是由作者流亡荷兰期间（1683年～1689年）写给友人E.克拉克讨论其子女的教育问题的几封信整理而成。

▲ "在家教育" 需有经济能力

张晓震：洛克先生，您好！最近在中国，有一则新闻引起了舆论的广泛关注，武汉有七对父母放弃了公办的学校教育，选择了自己在家教孩子的模式。您如何看待学校教育和在家教育的关系呢？

洛　克：众所周知，我是主张绅士教育的。什么是绅士呢？绅士必须具备"德行、智慧、礼仪和学问"四种品质。在绅士培养的途径上，我当时坚决主张不能通过学校教育，而只能通过良好的家庭教育来进行。这是因为，在当时的英国，上层子弟所就读的文法学校是古典主义的，只教授一些希腊文和拉丁文方面的知识，而不注重治事处世的胆识和方法的训练，不注重道德、礼仪和谦顺行为的培养，因而是不实用的。再说，文法学校中的众多学生良莠不齐，其家庭习惯和父母的人品也非常复杂，小绅士在此日与顽童为伍，斗骗欺诈，无所不学，不仅不能养成良好的思想品德，而且会使性格变得粗鲁、乖戾。三是，学校学生人数众多，教师难以进行个别的细致考察，不利于对学生因材施教。因此我极力主张，凡是有经济能力请得起家庭教师的家庭，应不惜重金聘请具有良好品格，具有丰富的社会实际经验和良好的文化素养的人作为家庭教师，以便取得良好的教育效果。目前，你们国家的学校教育是否也有类似当初英国文法学校的弊端呢？

▲最好的办法是榜样示范

张晓震：几乎人人都知道，好习惯决定人的一生，在帮助学生好习惯养成方面，您可有良策？

洛　克：要培养儿童良好的行为习惯，仅靠死记硬背规则的办法，往往收效甚微，应该利用一切机会，甚至在可能的时候创造机会，给他们一种不可缺少的练习，使规则等在儿童身上固定起来。

在教育儿童的诸多方法中，最简明、最容易而又最有效的办法是把他们应该作或是应该避免的榜样放在他们的眼前。榜样所起到的吸引或阻止儿童去模仿的教育力量，比任何说教的作用都要大而深刻，要想形成良好的道德品质。与其依从规则，不如根据榜样，因为没有什么事情能像榜样那样能够温和而又深刻地打进儿童的心里。

▲奖惩要各得其宜

张晓震：目前在中国，体罚现象在很多学校还是屡禁不止。以您的研究看，惩罚之于儿童要还是不要？

洛　　克：奖励和惩罚是教育儿童的又一种方法，这一方法能否取得好的效果，关键在于奖惩能否各得其宜。奖励是必要的，但应重在精神奖励而非物质刺激。尊重、称誉、赞扬是一种很好的奖励，而那种用儿童心爱的东西，甘美的食物和漂亮的服饰来奖励儿童的做法，只会使儿童养成追逐物欲、奢侈、贪婪等心理品质，因而是错误的。在诸种奖励中，荣誉感是一种最有力量的奖励方式。儿童对称誉和赞扬是很敏感的，对儿童好的行为及时当众给以赞扬，就会使儿童更会尊重自己、约束自己，自觉地保持荣誉。惩罚之于儿童，是一种没有办法的办法，因而应该尽量少用或不用。惩罚会产生许多副作用，往往会使儿童养成一种奴隶式的性格，不利于使儿童成为聪明、贤良和光明磊落的人。

📖 大师教育智慧：

洛克论教育

1. 有些人，尤其是儿童，常常在生人或他们的长辈面前显出一种羞怯的态度，他们的思想、言辞、容貌，全都显得狼狈不堪；自己在紊乱中也失去了主宰，什么事情都做不成，至少做来显得不自然，不优雅，不能因此得到人家的喜悦与欢迎。医治这种毛病的唯一办法也与医治其他毛病的办法一样，要使他们通过练习养成一种相反的习惯，而主要的就是多交各种朋友。

2. 一切的重大责任是德行与智慧。

3. 教育上的错误比别的错误更不可轻犯。教育上的错误正和错配了药一样，第一次弄错了，决不能借第二次、第三次补救，它们的影响是终身洗刷不掉的。

4. 我们日常所见的人中，他们之所以或好或坏，或有用或无用，十分之九都是他们的教育所决定的。人类之所以千差万别，便是由于教育之故。我们幼小时所得的印象，哪怕极微极小，小到几乎觉察不出，都有极重大极长久的影响。

5. 做导师的人自己更当具有良好的教养，随人、随时、随地，都有适当的举止与礼貌。

6. 学到很多东西的诀窍，就是一下子不要学很多的东西。

7. 教育的事业并非使年轻人能完美地从事科学研究，而是要开阔年轻人的心胸，使其能尽力运用自己之所长。

8. 导师也要听听学生的意见，要学生做什么也得使他习于用理智去想想，这样一来，规则就更容易被接受，生了根就会更深，学生也就会乐于读书，乐于受教了。

（摘选自《教育漫话》）

北京教育音像报刊总社　张晓震

8. 对话马克思：教育即人的全面发展

《资本论》〔德〕卡尔·马克思 著，曾令先等 编译，人民日报出版社 2006 年出版。

卡尔·海因里希·马克思（德语：Karl Heinrich Marx，1818—1883），早期在中国被译为麦喀士，马克思主义的创始人。犹太裔德国人，近代政治经济学家、哲学家、社会活动家、革命理论家、记者、历史学者、革命社会主义者。他的观点在社会科学和社会政治运动的发展中扮演了重要的角色。他一生著述颇丰，主要著作有《共产党宣言》（1848 年）《资本论·第一卷》（1867 年）等；他的一些著作是与其挚友、同为德国革命社会主义者弗雷德里希·恩格斯共同完成的。

▲个性发展就是让一切天赋得到充分发展

吴　奇：马克思先生，您好！学校教育应该是德、智、体、美、劳全面发展的教育，可现实生活中，有些学校的教育只剩下"智"，甚至窄化到"分数"，您能在哲学层面上给我们指点吗？

马克思：好的。教育的终极目标是为了实现人的全面发展。每个人的自由发展又是一切人的自由发展的条件。我希望每个人都能得到自由而全面的发展，且人的个性发展与人的全面发展是相容的。

人的全面发展是我一生始终关注的一个重要问题。人的全面发展就是个性的充分发展，就是让人的一切天赋都得到充分发展，就是使自己先天的和后天的各种能力都得到自由发展。人的全面发展就是每一个人都无可争辩地有权全面发展自己的一切才能。无论是体力、智力，还是才能和志趣都得到发展，且人的自主性和独特性都能够自由发展。

▲人类的幸福和自身的完美统一

吴　奇：暑假将至，又到了就业的时节。面临就业，人们都会考虑自己的前途。有的人希望出国，有的人热衷考公务员，有的人想进大公司，也有人想自己创业，在选择自己的职业问题上，我非常想听一听您的选择。

马克思：每个人都会有自己的目标，且从内心深处认为这个目标是伟大的。但人也容易被虚荣心、功利、幻想、冲动所迷惑而失去理智，因此，选择职业时要有清醒的头脑、严肃的态度。如果生活的条件容许我们选择任何一种职业，那么我们就可以选择一种能使我们最有尊严的职业，选择一种建立在我们深信其正确的思想上的职业，选择一种给我们提供广阔场所来为人类进行活动的职业。

这里我要特别强调一点，我说的尊严就是最能使人高尚起来、使他的活动和他的一切努力具有崇高品质的东西，就是使他无可非议、受到众人钦佩并高于众人之上的东西。

在选择职业时，我们应该遵循的主要指针是人类的幸福和我们自身的完美。因为人类的天性本身就是这样的：人们只有为同时代人的完美、为他们的幸福而工作，才能使自己也过得完美。

如果一个人只为自己劳动，他也许能够成为著名的学者、大哲人、卓越诗人，然而他永远不能成为完美无疵的伟大人物。如果我们选择了最能为人类幸福而劳动的职业，那么，重担就不能把我们所压倒，因为这是为人类而献身。那时，我们所感到的就不是可怜的、有限的、自私的乐趣，我们的幸福将属于千百万人。

▲孩子是人类的未来

吴　奇：您是伟大的思想家、革命家、科学家，工作一定很繁忙，但您又是一位父亲，对孩子的教育也一定有独特的方法。中国的父母能否分享您的家庭教育经验？

马克思：教育始于家庭。在家庭教育中，父母是儿童的启蒙之师，不仅要抚养孩子，而且要教育孩子。我更注重的是孩子心灵的培养。作为父亲，要温和、宽厚、慈祥。对待儿女就像对待大人一样，不发脾气、不命令、不摆架子、不强迫，要做孩子忠实的朋友和亲密的伙伴。

每逢星期天，我再紧张繁忙也要放下工作，听孩子们"指挥"。我和孩子们一起玩"海战"游戏，我会扮作一匹马，驮着孩子们玩；我给孩子们讲精彩迷人动听的故事，给孩子们背诵莎士比亚的精辟生动的语句；我带着孩子们去郊外尽兴愉快地游玩，让孩子们接受大自然的熏陶；在郊游归途，我除了讲自编的故事外，还和孩子们一起唱民歌、跳舞。

游戏、讲故事不只是为了使孩子们心情舒畅，愉快活泼，更重要的是启发教育孩子们懂得一些生活的道理。

所以说，孩子是人类的未来，而家庭教育恰恰是教育人的起点和基点。

📖 大师教育智慧：

马克思论教育

1. 未来教育对所有已满一定年龄的儿童来说，就是生产劳动同智育和体育相结合，它不仅是提高社会生产的一种方法，而且是造就全面发展的人的唯一方法。

2. 劳动生产力是由多种情况决定的，其中包括：工人的平均熟练程度，科学的发展水平和它在工艺上应用的程度，生产过程的社会结合，生产资料的规模和效能，以及自然条件。

3. 我们把劳动力或劳动能力，理解为人的身体即活的人体中存在的，每当人生产某种使用价值时运用的就是体力和智力的总和。

4. 教育会改变生产劳动能力。

5. 要改变一般的人的本性，使它获得一定劳动部门的技能和技巧，成为发达的和专门的劳动力，就要有一定的教育和训练。

6. 简单平均劳动虽然在不同的国家和不同的文化时代有不同的性质，但在一定的社会里是一定的。

7. 比社会平均劳动较高级的复杂劳动，是这样一种劳动力的表现，这种劳动力比普通劳动力需要较高的教育费用，它的生产要花费较多的劳动时间，因此它具有较高的价值。

（摘选自《资本论》）

天津市天津中学 吴 奇

9. 对话卡尔·威特：用温暖的心去赏识孩子

《卡尔·威特的教育》〔德〕卡尔·威特 著，孙晓芸 译，哈尔滨出版社2011年出版。

卡尔·威特（Karl Witte，1800—1883）是18世纪德国一个叫洛赫的小村庄的牧师。他的儿子小卡尔由于早产，在婴儿时期反应迟钝，显得有点痴呆。卡尔·威特没有绝望，在他的精心教育下，小卡尔成了远近闻名的天才。卡尔把对小卡尔长到14岁以前的教育写成了一本书，这就是《卡尔·威特的教育》。书中详细记述了这个父亲的核心理念：一个人最终能否有所成就，其禀赋起着一定的影响，但最主要的还是后天的教育。教育得当，普通的孩子也能成长为天才；教育不当，即使是天才也会被毁掉。他记载了他的孩子成长的过程，教育心得、方法，提出了早期教育的理念。

▲赏识让行为成为习惯

王秀利：在孩子的成长过程中，总有一段时间处于"反抗期"，表现就是他们总是和父母的意愿相左，即使父母的建议是正确的，他们还是不愿意接受，总是站在父母的对立面。针对这种现象，您是如何思考的？

卡尔·威特：你们所说的孩子的"反抗期"，我认为人本来没有什么"反抗期"，但因孩子具有旺盛的生命力，如不给予正确引导，就会以"反抗"的形式表现出来，因此"反抗期"不是自然形成的，而是由父母培植起来的。如果总责备孩子，任何孩子也都会产生反抗的心理，正如能力法则所确定的那样，若给孩子以反复的刺激，就会使孩子逐步形成"反抗"这一能力，就像常用烈性药物，细菌就会迅速产生抗药性，不久这种药对细菌就完全不起作用了；同样，对孩子越是一味地责备，其反抗心就越强，最终父母还是以屈服于孩子而告终。

在此，我建议那些已经做了父母的人，不要为孩子的不良行为而专门去教训和发脾气，而要去发现孩子的长处，尽量对他的良好行为进行夸奖，这样他就会不断重复而形成习惯，很多父母可能没有意识到这一点，他们认为孩子的良好行为是与生俱来的，是理所当然的。其实，孩子的良好行为，如果得不到及时的夸奖，孩子的心理就会增加印象，良好的行为就会慢慢停止了。

父母关注什么行为，这种行为就会逐渐形成孩子的习惯，为此，父母应该多赏识孩子优秀的一方面，对良好行为给予及时、恰当的奖励，一个拥抱，一个亲吻足矣。

▲引导孩子从思想上独立

王秀利：现代的孩子依赖性都非常强，他们习惯于靠在家长坚实的肩膀上，享受家长为他们带来的一切，同时我们的家长也很享受这种依赖性。认为这样是亲情最好的诠释。对于这样的亲情依赖，您是怎么认知的？

卡尔·威特：亲情固然很重要，但是在这种氛围下，培养出来的孩子缺乏责任感和价值感。一旦他们离开了父母，他们就会找不到自己的生命在社会中的地位与重要性，很容易感到迷惘。从而失去创造成就的动力，容易为其他一些物质性的轻浮的事物而吸引，沉溺其中。做家长的应该力图让孩子看到自己生活的意义，看到自己的行为能为他人带来影响，让孩子感到自己是为人们所关注的，是有用处的，从而生出自豪感和责任心，随着年龄的增长与社会接触面的扩大，这种责任心、自豪感的内容也会增长、扩大，不只局限于自己的家庭，但从家庭中培养出来的这种感觉，却是未来责任感的基础，没有家庭这种基础，孩子长大后对社会对人类的责任感与使命感便不知从何而来。

父母除了教会孩子自己的事情自己干，让孩子自己的生活能自理，能帮助做家务外，还要让孩子从思想上做到不依赖成年人，从而使孩子真正的独立，让孩子的生活因为有担当而更加有意义。也正是这份担当会让亲情更温暖！

▲金钱奖励是把双刃剑

王秀利：现在的父母教育孩子的方式多种多样，由于生活条件优越了，许多父母教育孩子都和金钱奖励挂钩，考试优秀奖励多少钱，参加劳动奖励多少钱。金钱奖励方式，会给孩子带来什么影响？恳请您给我们一些指导。

卡尔·威特：指导谈不上，在这方面我确实有一些思考，我就把我的认识拿出来与各位共勉。在孩子的教育过程中，对他们的奖励，我往往把用钱奖励和写入"行为录"两者兼顾施用。

如果孩子学习好，我建议每天给他一个戈比作为报酬，但如果他学习很好，可是行为有过错，那孩子就领不到这一个戈比的报酬了。这些做法是为了让孩子从小就明白好行为有好的报酬的道理。同时让孩子懂得"学习，好行为能带来现世幸福"的含义。只给一个戈比，这样做是为了让孩子切身体会到获得一点报酬是多么艰难。让孩子明白这一点极为重要。

我反对那种奖励给孩子过多金钱的做法。让孩子轻易地得到想要的东西，尤其是金钱，会让他产生依赖别人的习性，如果一个孩子在父母那里很轻松地得到金钱方面的奖赏，那种后果是极为可怕的。一方面，他会毫不珍惜地将钱随便花光，不会把钱用到应该用的地方，甚至会错误地利用这些钱；另一方面，孩子由于轻松地从父母那里得到钱，他就会产生什么事都容易做到的错误想法，当他们在成年以后靠自己有限的收入生活时，一旦需要作出影响自己经济境况的重要决定，就显得手足无措，既缺乏能力也缺乏心理上的应变力，以致不会去为自己的生存奋斗，甚至会变得懦弱和堕落。

教育方法本身没有好与坏之分，金钱奖励也如此，选择适合孩子的，并且掌握好分寸和尺度，不仅让孩子懂得赚钱的艰难，还应该引导孩子如何使用钱，才能达到事半功倍的效果。

📖 **大师教育智慧：**

卡尔·威特论教育

1. 我在此也奉劝那些好饮酒的父母，为了孩子的健康着想，必须放弃饮酒的习惯。我们夫妇在要孩子时，我的一位医生朋友就告诫过我，如果酒后受孕，胎儿往往发育缓慢，智力也较为低下，特别是妇女饮酒，后果尤为严重。因此夫妻双方至少应在受孕前三个月开始戒酒。

2. 母亲的教育对孩子极为重要，从我有限的知识来看，历史上的伟人往往有一个善于教育孩子的母亲。

3. 怀孕期间的母亲如果心情不快乐，经常哭泣，那么会直接导致未来的婴儿发育不良，而发育不良是形成软弱无能者的原因之一。

4. 作为母亲，应该使孩子成为爱美、爱正义、爱真理的人。

5. 国民的命运掌握在母亲的手中。我非常欣赏这句话，但真正理解其中意义的人却很少。

6. 一个人的品质如何，很大程度上是取决于幼年时期所受的教育如何。

7. 对孩子的教育必须尽早开始，开始得越早，取得的效果就越显著，孩子越有可能成为接近完美的人。

8. 儿童虽然具备潜在能力，但这种潜在能力是有着递减法则的。怎样才能杜绝孩子潜在能力的递减呢？当然是尽早教育。事实上，从生下来起到3岁之前，是个最为重要的时期。因为这一时期，孩子的大脑接受事物的方法和以后简直不同。

9. 对3岁以前的婴儿教育，就是"模式教育"。婴儿对多次重复的事物不会厌烦，所以3岁以前也是"硬灌"时期。模式时期决定了人的一生。

（摘选自《卡尔·威特的教育》）

北京市大峪中学　王秀利